讲给孩子的

妙趣中国史 ③

姜天一 著

天津出版传媒集团

天津人民出版社

第 **7** 章

虽远必诛的西汉

51 两个长相怪异的男人

各位同学,大家好,我就是那个人见人爱、花见花开、车见车爆胎的姜 sir。

大家好,我就是那个负责问问题的小 Q 同学。

姜 sir：秦朝在充满遗憾的声音中结束了,而天下也再一次陷入混乱之中,有陈胜、吴广原来的手下继续造反的,有原来被攻占的六国后代造反的,还有自己组织造反的。

小 Q：感觉天下又要乱了,不知道什么时候才能再次统一。

姜 sir：别着急,有两个怪异的男人出现了,这两个男人决定了历史的走向。

小 Q：怪异？怎么感觉像神话故事里出现了俩妖怪一样。

姜 sir：第一个,左腿上长着 72 颗痣。

小Q：啊？72个黑点啊。感觉好害怕。

姜sir：这个人就是大名鼎鼎的刘邦，刘邦当时在秦朝是有官职的，类似于现在一个乡的派出所所长。在秦始皇统治的最后几年，刘邦奉命押送罪犯修建秦始皇陵墓，但中途有一半的罪犯逃跑了，刘邦一看，完了，这下死定了，于是带领着十几个人跑到山里躲了起来。

小Q：他怎么没像陈胜、吴广一样起义造反呢？

姜sir：刘邦躲起来的时候比陈胜、吴广还早呢，还不适合推翻秦朝，刘邦想的就是先躲一躲再说。过了几年，陈胜、吴广起义了，刘邦一看，机会来了，身边好朋友多啊，那可都是以后历史上的名人：小吏萧何、屠夫樊哙（kuài）、车夫夏侯婴、吹鼓手周勃等人。他们几个一合计，决定攻打老家沛县，刘邦率众来到沛县城下，写了一封信，用箭射入城中，号召城中百姓起义。城中百姓见刘邦来了，好像有了主心骨，聚众起事，杀了县令，打开城门，迎接刘邦，拥立他做了沛公。但总体也就几千人马。

小Q：人这么少，怎么和秦军对抗？

姜sir：刘邦那时候没有宏伟目标，只想占领一块大点的地盘。但谁也没想到，发生了一件事，让刘邦走到了历史的重要的位置上。当时刘邦手下有一个人叛变了，那刘邦肯定不能饶了他，但打又打不过。换你，你会怎么办？

小Q：找人打他，我打不过，总有能打过的。

姜sir：于是刘邦投奔了项梁，项梁给了刘邦五千士兵，十员将领，刘邦报了仇，加入了项梁的军队，认识了另一个怪异的男人。

小Q：对啊，前面不是说有两个怪异的人吗，一个是刘邦，另一个是谁？

姜sir：另一个就是项梁的侄子，有四只眼睛的项羽。

小Q：啥？四只眼睛？怎么可能？

姜sir：古书记载，就是有一些人有四只眼睛啊，叫重瞳子。《史记·项羽本纪》就记载："吾闻之周生曰，舜目盖重瞳子，又闻项羽亦重瞳子。"比如造字的仓颉，三皇五帝里的舜都是这样，其实啊，这是一种眼科疾病，还是两只眼睛，和我们一样，但他们每只眼睛里有两个瞳孔，正常人是一个。

小Q：古人不知道是疾病，就当作神奇的现象了。

姜sir：后来项梁死了，刘邦的地位一下子就提高了。

小Q：项梁死了，为啥不是项羽地位提高了？

姜sir：当时起兵造反得有个说法啊，项梁就找了个人，说是楚王的后代，打着恢复楚国的旗号，所以大家表面上都听这个楚怀王的。但是项梁死后，楚怀王心里就有想法了：项梁终于死了，我不用听他的了，但不能让项羽接替啊。我得找个人取代项羽，这样就没人管我了。于是他就选了刘邦。

小Q：看来这个楚怀王还有点儿野心。

姜sir：当时楚怀王定下了三件事，起义造反的军队都同意了。第一条，国与国之间相互承认，尽量不打仗；第二条，等灭完秦朝，我们恢复到战国时期大家的国土面积；第三条，秦朝的土地就不平分了，谁先打进秦朝的都城，秦朝原来的土地就归谁。

小Q：他们好像认为自己赢定了，还商量好怎么分了。

姜sir：之所以这么说，不是自信，而是为了激发大家的战斗力，毕竟当时的秦朝军队还是很强的，大家一看，打进首都就能封王，于是刘邦率领军队进攻秦朝都城，而项羽却带领士兵去和秦朝主力军队决战。

小Q：刘邦太幸运了，不用打秦朝主力。

姜sir：何止是幸运，刘邦在行军途中发现自己身边有一个管马的小官很有才华，于是重用了这个人，这就是后来帮助他打天下的张良。最终在张良的谋划帮助下，刘邦攻入了咸阳。

小Q：天啊，刘邦从最初的躲在山里到现在一下子打入了咸阳，太厉害了。

姜sir：刘邦有两个特点，能看出来他是做大事的人。第一，不自大。虚心接受别人的意见，遇到各种困难问题，无论是谁提出的建议，只要是对的，他都能认真听，还能去做。

小Q：这点很重要啊，毕竟自己一个人不可能是万能的。

姜sir：第二，不完成目标，绝对不放弃。打咸阳不是一件容易的事，毕竟是首都，当时刘邦奉命率军西征，沿途收集了陈胜、项梁的散兵，壮大了队伍。在昌邑一带，遇见当地起义的彭越，便合兵一处，攻打昌邑。昌邑城池坚固，刘邦不愿意浪费兵力和时间，就绕了过去。

接下来，刘邦用突袭的办法，一举攻占了陈留，获得了大批秦军储存的粮食，军队继续西进，抵达开封城。开封秦军人多，刘邦又绕了过去，直达洛阳。按照原先制定的西征路线，应该从洛阳往西打。刘邦却认为，从洛阳往西，虽然离咸阳最近，但关隘太多，困难重重。于是，刘邦果断改变路线，挥师南下，打算从南部迂回到咸阳。刘邦率军南下包围了南阳郡，围城之后，并没有急于攻城，而是派人劝降了南阳郡守，封他为殷侯，让他继续留守南阳。

刘邦这一招，取得奇效。沿途的郡县，没有想到起义军会来，防备松懈，又听说刘邦仁义，因此所经过的地方，很多守将都投降了。

刘邦对投降的官兵一律优待，并给予赏赐。同时命令部队，严守军纪，不得惊扰百姓，百姓都纷纷欢迎刘邦大军。刘邦一路绿灯，很快攻占了武关。秦朝这才急忙派兵阻截，但被刘邦打败，随后刘邦来到了咸阳城下。秦王子婴知道挡不住了，

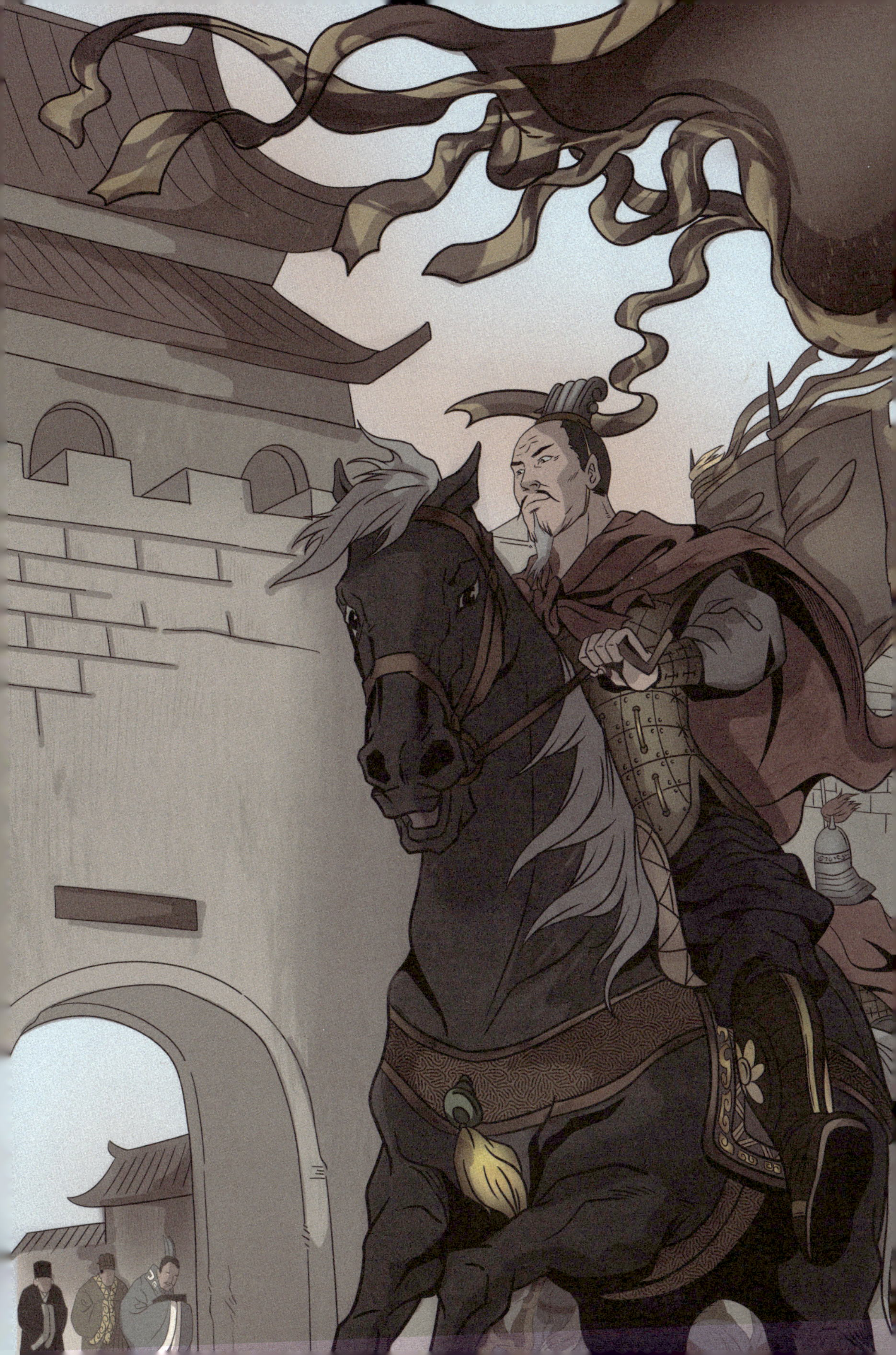

于是驾着白马车，用丝绳系着脖子，封好皇帝的玉玺和符节投降。至此，秦朝灭亡了。

小 Q：姜 sir，我想到了勾践，看来历史上这些人成功都是有原因的。太值得我们学习了。

姜 sir：刘邦夺得了咸阳，可另一面项羽却要面对秦朝最后的主力进行大决战，项羽能赢吗？会发生什么呢？我们下节见。

52 为什么要把锅砸了？

各位同学,大家好,我就是那个人见人爱、花见花开、车见车爆胎的姜 sir。

大家好,我就是那个负责问问题的小 Q 同学。

姜 sir：小 Q，你还记得秦始皇灭六国的时候，哪个国家最难打吗？

小 Q：楚国。

姜 sir：秦朝刚刚建立的时候，就有一句话，叫"楚虽三户，亡秦必楚"。这也是成语"三户亡秦"的出处。意思是哪怕楚国最后力量再小，灭掉秦国的一定是楚国。这里就得提到楚国和秦国之间一件难忘的仇恨。

小 Q：秦国不是和六国都有仇恨吗，楚国有什么特殊的吗？

姜 sir：你记得屈原当年劝楚怀王别去秦国，但楚怀王不听，非要去吗？

小 Q：记得记得。然后他被秦国扣下了，这就是难忘的仇恨啊！

姜 sir：《史记》中是这样记载的，居鄛（chāo）人范增，年纪已经七十岁了，一直居住在家，喜欢奇策妙计，他跑去找项梁说：陈胜失败是必然的，秦国灭亡六国，楚国最没有过错，自从楚怀王进入秦国不能返回后，楚人一直想念他，所以楚南公说"楚虽三户，亡秦必楚"。果然就在刘邦一路打入秦国首都的时候，项羽带着楚国军队的 5 万多人一路杀来，准备和秦朝最后的主力决战。

小 Q：秦朝的主力还有多少士兵？

姜 sir：40 万。

小 Q：啊？5 万打 40 万，相当于 1 个打 8 个。为什么还要打？

姜 sir：当时不是项羽主动打的，谁会主动 1 个打 8 个啊。是因为赵王被秦军围住了，向大家求救："咱们说好了的，一起打秦朝，大家帮帮我啊。"可秦军当时很强大，有人试着派出 5000 人去救赵王。你猜结果怎么样？

小 Q：估计被秦军打退了。

姜 sir：是全军覆没，一个都不剩，这事一发生，剩下的诸侯没一个敢去救了。而这个时候，对秦朝有仇恨的项羽带着士兵来救了。慢慢地，就演变成不是救赵王这么简单了，而是大决战。

小Q：项羽的士兵一定和当年的魏武卒一样厉害。

姜sir：我们先说说项羽个人的战斗力，那是非常厉害的。有一个民间传说，相传24岁的项羽和叔叔项梁造反的时候，为了扩大力量，项羽去找别人和他一起造反。那人不想去，就想了个办法拒绝项羽，说："院中有一大鼎，有千斤重，你举起来我就和你走。"然后就让手下4名强壮的男子一起举鼎，别说举起来，鼎一点儿都没动。这时候项羽走过去，运起力气大喊一声"起"，大鼎被高高举起。为了让那群人心服口服，项羽不停地放下，再举起来，再放下，再举起来。来回做了三次。

小Q：我估计对方都傻眼了，这人举鼎怎么和玩游戏一样啊。这下肯定跟着项羽走了。

姜sir：项羽是很厉害，但他那5万军队战斗力可不行，相当于一支拼凑起来的杂牌军，并且项羽也是第一次指挥这支军队。

小Q：那怎么和人家秦军打。人数不占优势，战斗力也不行。

姜sir：那也得打，项羽率领全军过河，准备和秦军决一死战。这个时候，项羽发布了第一道命令，把过河的船都凿沉了，一艘都不留。

小Q：啊？把船凿沉了不就回不去了吗？

姜sir：项羽接下来发布了第二条命令，把锅都砸了，就留三天的饭，接下来不做饭了。

小Q：啥？这不是自杀行为吗？三天后吃啥？

姜sir：第三条命令，把住的地方都烧了，不住了，不睡觉了。

小Q：疯了，疯了，一定是打不过敌人，疯了。

姜sir：项羽是有目的的，这就是项羽的"皆沉船，破釜甑（zèng），烧庐舍，持三日粮，以示士卒必死，无一还心"。也就是成语"破釜沉舟"，比喻下定决心彻底干一场，不达目的决不罢休。

小Q：我有点儿明白项羽的意思了，他怕士兵觉得打不过还有退路，就不会拼命。

姜sir：对啊。船没了，就不能后退了；锅没了，只能三天解决战斗，要么就没饭吃。就这样，没有退路的战士一个能打十个，爆发出了强大的战斗力。经过九次的激战，楚军最终大胜秦军。秦军的几个主将，有的被杀，有的当了俘虏，还有的投降。这一仗不但救了赵王，而且把秦军打得再也振作不起来。

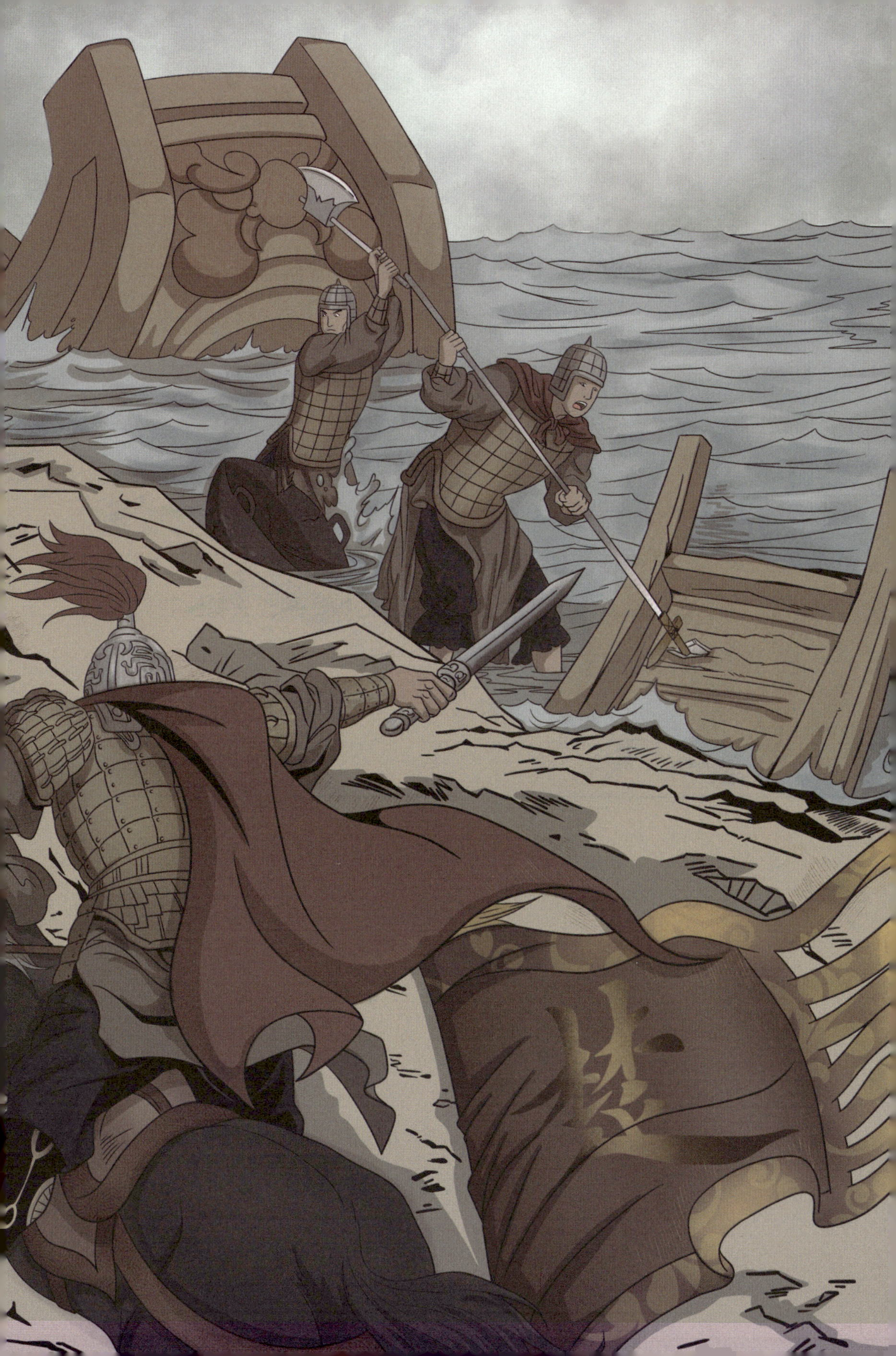

小Q：真的是"楚虽三户，亡秦必楚"。

姜sir：打败了秦军后，项羽的地位快速提高。其他将领看见他都低着头，不敢看项羽。项羽的军队势力也得到了大量的补充，基本算是天下最强的。

小Q：我觉得项羽的破釜沉舟精神不仅仅可用在打仗上啊，生活中、学习上都值得我们去学习。

姜sir：破釜沉舟就是一种决心，项羽用这种决心打赢了这场仗，但同时刘邦也进驻了咸阳。可项羽就不高兴了："我在这儿拼死拼活打主力，你却占领都城了。"于是项羽和刘邦要吃一顿饭，这可不是一顿简单的饭，是什么呢？我们下节见。

53 吃顿饭差点儿没命

姜 sir： 各位同学，大家好，我就是那个人见人爱、花见花开、车见车爆胎的姜 sir。

大家好，我就是那个负责问问题的小 Q 同学。

姜 sir： 上节我们讲到项羽用破釜沉舟的决心打败了秦军主力，而这个时候刘邦在咸阳城里却做了一件让项羽不高兴的事。

刘邦进入咸阳后，看到眼前金碧辉煌的宫殿，那么多的珍珠宝贝，恨不得马上就去享受，可这时候，樊哙和刘邦说："你忘了秦朝是怎么灭亡的吗？"刘邦一下子明白了。然后发布了三条法令，这也就有了成语"约法三章"，后泛指约好或订立简单的条款相互遵守。百姓很支持，觉得刘邦的统治太棒了。

小 Q：那项羽有什么不高兴的？

姜 sir：这个时候，有人给刘邦建议："这个地方可是当年秦国的土地。多好的地方啊，我听说项羽可要把这里给别人了。"刘邦一听，立刻派兵守住这里，不让其他诸侯的士兵进来。

小 Q：我明白项羽为什么不高兴了，但接下来不应该他俩打起来吗，为什么要吃饭？

姜 sir：当时刘邦手底下出了个叛徒，觉得刘邦对自己不好，就主动找了项羽，说了刘邦坏话。项羽本来对刘邦占据着这里不让自己军队进来就不高兴，一怒之下决定开战。可项羽的叔叔项伯知道了，心想：哎呀，要打仗了，我好朋友张良在刘邦那儿，我得把他救出来。于是，项伯就连夜骑马跑到刘邦的军营，私下见了张良，把事情详细地告诉了他，想叫张良和他一起离开。

小 Q：我猜张良一定告诉了刘邦。

姜 sir：张良说："我是韩王派给沛公的人，现在沛公遇到危急的事，逃走是不守信义的，不能不告诉他。"张良就把情况详细地告诉了刘邦，然后问刘邦："你打得过项羽吗？"刘邦说："打不过啊。怎么办？"张良就说："我好朋友是项羽的叔叔，让他去帮忙求求情吧，咱给项羽赔礼道歉。"

小 Q：项伯会帮这个忙吗？

姜 sir：刘邦见了项伯，又是吃饭，又是喝酒，刘邦说："我没想对抗项羽啊，我是天天盼着项羽来，秦朝的金银珠宝我一点儿没动，都给项羽留着呢。是谁说我坏话？我冤枉啊。"

小 Q：我又想到了勾践，为了活下来，不容易啊。

姜 sir：项伯临走前对刘邦说："放心吧，这事我给你办了，明天一早就来鸿门，亲自向项羽赔罪。"回去后，项伯和项羽说："刘邦认错了，人家本身就是佩服你的，明天大家吃个饭，聊聊天，还是好朋友。"项羽就同意了。

小 Q：原来这饭是这么吃起来的。

姜 sir：这就是刘邦的特点，能屈能伸，打不过你，我就先认输，活下来更重要。第二天见到项羽，刘邦的演技绝对能拿个最佳男演员："我和将军您一起攻打秦，我也没想到我先进了咸阳，我就一直在这儿等着您来啊。可是有人挑拨我们之间的关系，让您误会我了啊。"这个时候项羽就说："是你手底下的人和我说的，要不然，我能发这么大脾气吗。来来来，坐下吃饭喝酒。"

小 Q：感觉这事就结束了啊，大家误会解除了。

姜 sir：你觉得就算项羽相信了，项羽身边的人会信刘邦说的吗？项羽身边的范增一直劝项羽杀掉刘邦，说刘邦这人不简单。范增一看，几句话结束了，开始吃饭了，这怎么能行呢？于是范增站起来，出去找到了项羽的弟弟项庄，项

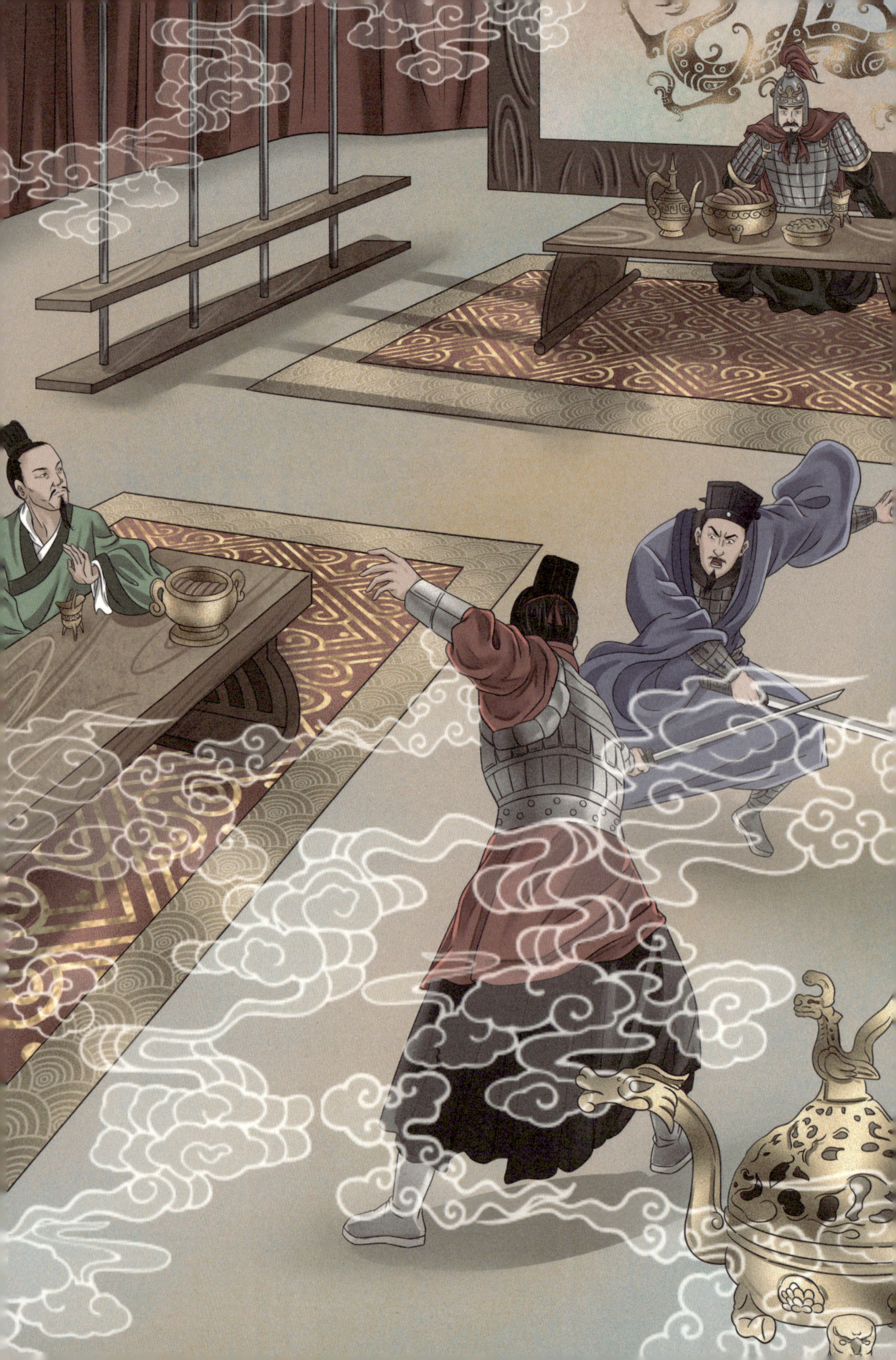

庄本来带人埋伏在宴会旁边等项羽的命令，以便冲进去杀掉刘邦。

小Q：原来项羽是准备杀刘邦的啊，没想到被刘邦的演技骗过去了。

姜sir：范增对项庄说："你现在进去敬酒，然后请求表演舞剑，趁着舞剑把刘邦杀了。"这就是成语"项庄舞剑，意在沛公"。比喻说话和行动的真实意图别有所指。因为每个招式，剑都是对着刘邦去的。

小Q：那随时都能杀了刘邦啊，就没人去救吗？

姜sir：项伯不干了，这次饭局是我组织的，你要是杀了刘邦，以后谁还愿意和我吃饭啊。于是项伯也来舞剑，就挡在刘邦面前。项庄一看，叔叔挡着呢，动不了手啊。

小Q：还能不能好好吃顿饭了，提心吊胆的。

姜sir：张良一看，这饭不会平静地吃下去了，估计还得有事，就出去找到了樊哙，樊哙拿着剑，持着盾牌，冲入军门。樊哙瞪着眼睛看着项羽，头发直竖起来，眼角都裂开了。当时大家吓一跳，项羽就问："你是谁啊？""我是沛公侍卫首领樊哙。"于是项羽让樊哙坐下一起吃，樊哙一边喝酒，一边生吃了一条猪大腿，当时大家都看愣了。就在这时候，樊哙说："当时定下的'先打败秦军入咸阳的人封王'，我们第一个进了咸阳，可任何东西都不敢动用，等待大王您来主持大局。

我们派兵守住这里，那是为了防备盗贼。我们这么对您，不仅没有得到赏赐，大王反而想杀有功的人，这和秦朝有什么区别？"

小Q：我要是项羽，我也不好意思被人家这么说。

姜sir：过了一阵，刘邦借口说上厕所想跑。他对张良和樊哙说："现在出来，还没有告辞，这该怎么办？"樊哙说："做大事者不必顾及小节，有大礼节不回避小的责备。现在人家好比菜刀和砧板，我们好比鱼和肉，告辞干什么呢？"这就是成语"人为刀俎，我为鱼肉"。比喻生杀大权掌握在别人手里，自己处在被宰割的地位。于是刘邦决定离去。

小Q：那项羽知道刘邦没打招呼就走了会生气吗？

姜sir：项羽觉得刘邦多次谢罪，给足了自己面子，一切就都算了。可最生气的是范增，当场就发火了："你们啊，等着吧，今天放走了刘邦，未来他会打败你们所有人的。"这就是历史上著名的"鸿门宴"。

小Q：这顿饭吃的，估计大家都没吃饱。

姜sir：小Q，都关系到生命安全的问题了，你还想着吃饱。既然你这么关心这件事，我们下节就来说说，鸿门宴上都吃了什么。

54 鸿门宴上都吃了啥?

各位同学,大家好,我就是那个人见人爱、花见花开、车见车爆胎的姜 sir。

大家好,我就是那个负责问问题的小 Q 同学。

姜 sir:小 Q,如果有一天我请你吃鸿门宴,你会去吗?

小 Q:我才不去呢,有生命危险。

姜 sir:上节我们讲了惊心动魄的鸿门宴,后人常用"鸿门宴"一词比喻不怀好意的宴会。那么在 2000 多年前的鸿门宴上,他们到底吃了什么呢?

小 Q:我记得樊哙吃了个生猪腿。

姜 sir:这么一场充满杀机的饭局,很大的遗憾就是《史记》中并没有把重点放在这场宴席的菜品上,提到的唯一具体食物就是生猪腿。

小Q：姜sir，我上一节就想问，生猪腿怎么吃？

姜sir：关于"生"究竟是什么意思，一直分为两派意见。一派观点认为这条生猪腿就是没有进行过任何烹饪的生肉。项羽下令赐给樊哙一条生猪腿，是为了吓唬一下樊哙。没想到樊哙把这条猪腿放在盾牌上，用刀切着生吃了。

小Q：樊哙为了救刘邦，必须得表现出什么都不怕的气势。

姜sir：还有一派观点认为"生"不是"不熟"，而是指"未加工"。项羽给樊哙的是一条煮熟了之后端到宴会现场，但还没有切开的猪腿，也就是给樊哙吃了一条熟的整猪腿。

小Q：这挺有气势的，不用切了，我直接吃。

姜sir：其实这条猪腿还挺符合当时的场合，你想，如果樊哙持着盾牌，挥着剑冲进来，项羽和身边的人说："去，给这位壮士一碗粥。"然后樊哙坐下，慢悠悠地喝起了粥，项羽再说一句："慢点，别烫着。"你什么感觉？

小Q：好别扭，感觉充满了温情。

姜sir：所以，不管哪个版本的猪腿，都挺适合的。还有就是喝酒，项羽命人赐给樊哙一斗卮（zhī）酒，樊哙一气喝完，相当于现在超市里一大瓶可乐的容量。

小Q：这是真能吃，真能喝啊。不会醉吗？

姜sir：小Q，你都知道什么酒？

小Q：我知道啤酒、白酒、红酒。

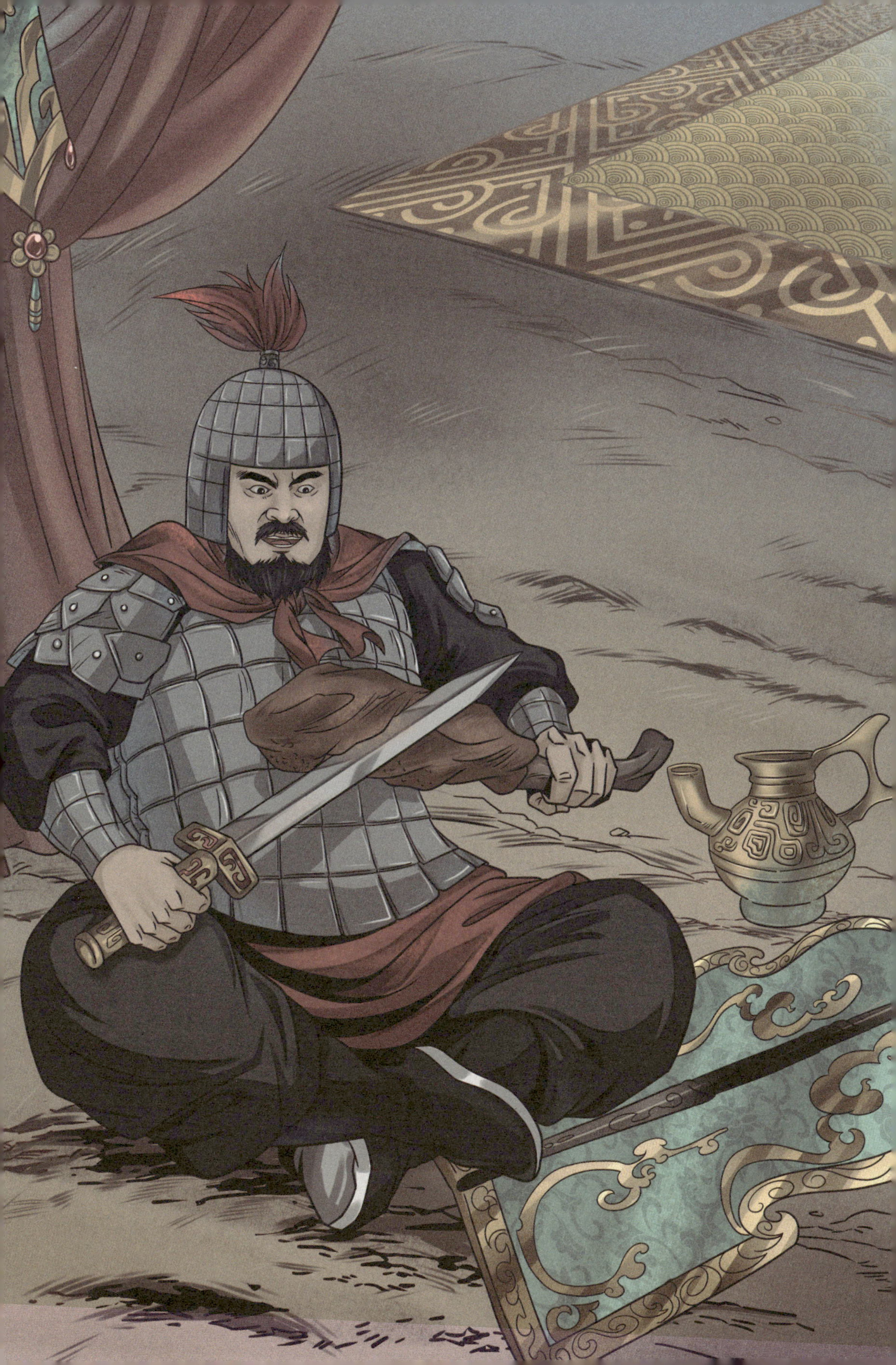

姜sir：那个时候的酒和你想的不太一样，当时樊哙喝的可能是一种低度的米酒，更像甜水的感觉。

小Q：那不成饮料了吗？

姜sir：当时很多人也会往里加一些调料，增加辣的味道。

小Q：那还吃啥了？

姜sir：剩下的就不知道了，因为史书中没有记载。

小Q：唉，对于我这种热爱美食的人，太遗憾了。

姜sir：我们只能说试着去推断一下，毕竟项羽和刘邦不可能只吃猪腿。小Q，如果你家来客人，你是按照客人的口味准备吃的，还是你喜欢吃什么就准备什么？

小Q：当然是按照客人的口味了。

姜sir：后人推断，这顿鸿门宴，应该有烤肉。

小Q：难道鸿门宴准备的是一场烧烤？那个时候就有烧烤了吗？

姜sir：你以为你平时吃的是普通的烤串吗？不，那代表着饮食文化，我们的烧烤可是有几千年历史的。每一口吃下去，都是历史的传承啊。

小Q：你真会给吃找借口。

姜sir：据记载，刘邦喜欢吃烧烤，还会烤鹿肝和生肚。我们现在发现的一些汉朝墓里的画像，就有一名男子左手拿着肉串、右手持方扇，在圆形烤炉上烤串的情景。

小Q：那鸿门宴总得准备点儿主食吧，不能光吃烧烤喝酒。

姜sir：我猜准备肯定是准备了，但那个时候，谁有心思吃啊。刘邦要是在项庄舞剑的时候，说一句："项庄，你舞剑舞好了吗，给我盛碗饭。"你说大家得什么感觉？

小Q：估计当场气氛会非常尴尬。

姜sir：其实肯定会准备很多吃的，毕竟项羽答应项伯好好和刘邦谈，所以饭菜肯定不会差。可以确定鸿门宴上有酒，有猪肉，剩下的就只能推断了，而且在战争的情况下，也不可能准备太多奇珍异味。鸿门宴过后，项羽指挥军队进入咸阳，有人劝项羽，这地方易守难攻，太适合当首都了，并且您现在军队在手，可以直接称帝了。可项羽却说："我得回老家啊，我现在这么厉害，得回老家让他们知道我有多厉害。"

小Q：哎呀，怎么这么笨呢，你都可以当皇帝了，还炫耀啥？

姜sir：项羽的意思是，富贵了不回老家，就好像穿着漂亮的衣服晚上走路，没人看见，没人知道自己的威风，也就是成语"衣锦还乡"，后泛指荣归故里。

小Q：提意见的人还不得气死啊？

姜sir：那人气得直接说："我曾经听人说你就是猴子穿

衣戴帽，只是装着像人。今日一看，果然如此。"这又是一个成语，叫"沐猴而冠"。意思就是表面看起来厉害，其实干不成大事。这个时候各路诸侯要分天下了，怎么分，谁来分？我们下节见。

55　明修栈道，目标却是……

各位同学，大家好，我就是那个人见人爱、花见花开、车见车爆胎的姜 sir。

大家好，我就是那个负责问问题的小 Q 同学。

姜 sir：鸿门宴结束后，天下要重新分配了。

小 Q：姜 sir，前面不是说好了，按照战国时候的样子区分吗？谁家的地归谁家。

姜 sir：项羽可不这么想啊，如果真按照约定，那他得把秦国的土地给刘邦。公元前 206 年 2 月，项羽召集各路诸侯将领开会，宣布他制定的分封方案，根本不是按照战国七国的原来地盘。项羽封自己为西楚霸王，占据的地盘主要是原楚国的地盘，下面还封了 18 个诸侯。

小 Q：那 18 个里有刘邦吗？

姜sir：肯定得有刘邦啊，毕竟刘邦是第一个打入咸阳的，但又不能给太好的地方，得防止刘邦势力变大。于是项羽决定给刘邦一个不好的地盘，就给了巴、蜀两郡，相当于现在的四川。封刘邦为汉王。

小Q：四川我去过，很好啊。

姜sir：那个时候秦国早就把这儿治理好了，但项羽不知道啊，他觉得巴蜀地区又远，中间又隔着大山，人口又少，就给刘邦吧。

小Q：感觉刘邦还捡了个便宜。

姜sir：接下来刘邦又找到了项伯，让项伯帮忙求情多分一块，就要汉中这个地方，也就是现在的陕西省西南部地区。而项羽着急回老家炫耀，心想：不差这一块地。给你吧，但还是派了三个将军，组成防线，防止刘邦进军中原。

小Q：感觉在项羽的心中刘邦还是个危险。

姜sir：同时项羽就给了刘邦3万人，其余的军队都收回了。

小Q：地方又远，又偏，人又少，这怎么可能威胁到项羽？

姜sir：可没想到一路上有数万人主动加入刘邦，其中就有后来帮刘邦打下天下的韩信。其实刘邦在抵抗秦朝的斗争中，人缘、口碑都非常好，很多人都愿意跟着他。这个时候刘邦做了一件事，把山里修好的栈道全烧了，就是要告诉全天下："我刘邦难过了，伤心了，我佩服项羽，我不回来了。"

小Q：啊？刘邦不能这样啊，这不是闹情绪嘛。

姜sir：这是张良给刘邦出的计策，表面看起来是我不回来了，实际是把路一烧，你们也别想进我家，我就慢慢地开始积攒力量。刘邦任命韩信为大将军，统领全军；以萧何为丞相负责后勤；以张良为军师谋划全局。这时候项羽觉得，刘邦很自觉，真听话。这个时候的项羽觉得天下他最厉害了，同时觉得楚怀王也没啥用了，就给杀了。

小Q：楚怀王不是项羽叔叔当年起兵时候找的吗？用完人家就杀了，有点儿说不过去吧？

姜sir：项羽这么做，以后谁还敢和他合作，连项羽的下属都觉得过分，今天能杀楚怀王，明天用不上我们了，也能杀我们。你知道当刘邦听说楚怀王被杀的时候，做了什么吗？

小Q：不会为这事马上和项羽开战吧，我咋觉得实力还差点儿呢？

姜sir：刘邦才不会冲动呢，他号啕大哭："哎呀，你怎么就这么死了呢，项羽怎么能这么没良心呢。"然后他举办仪式，祭奠楚怀王，接下来给各个对项羽不满的诸侯写信："楚怀王是我们一起选出来的啊，项羽就这么把他杀了，我们要报仇啊。"这就是刘邦与项羽最大的区别，刘邦就是朋友越多越好，而项羽就是各种自大，把自己的敌人树得多多的。

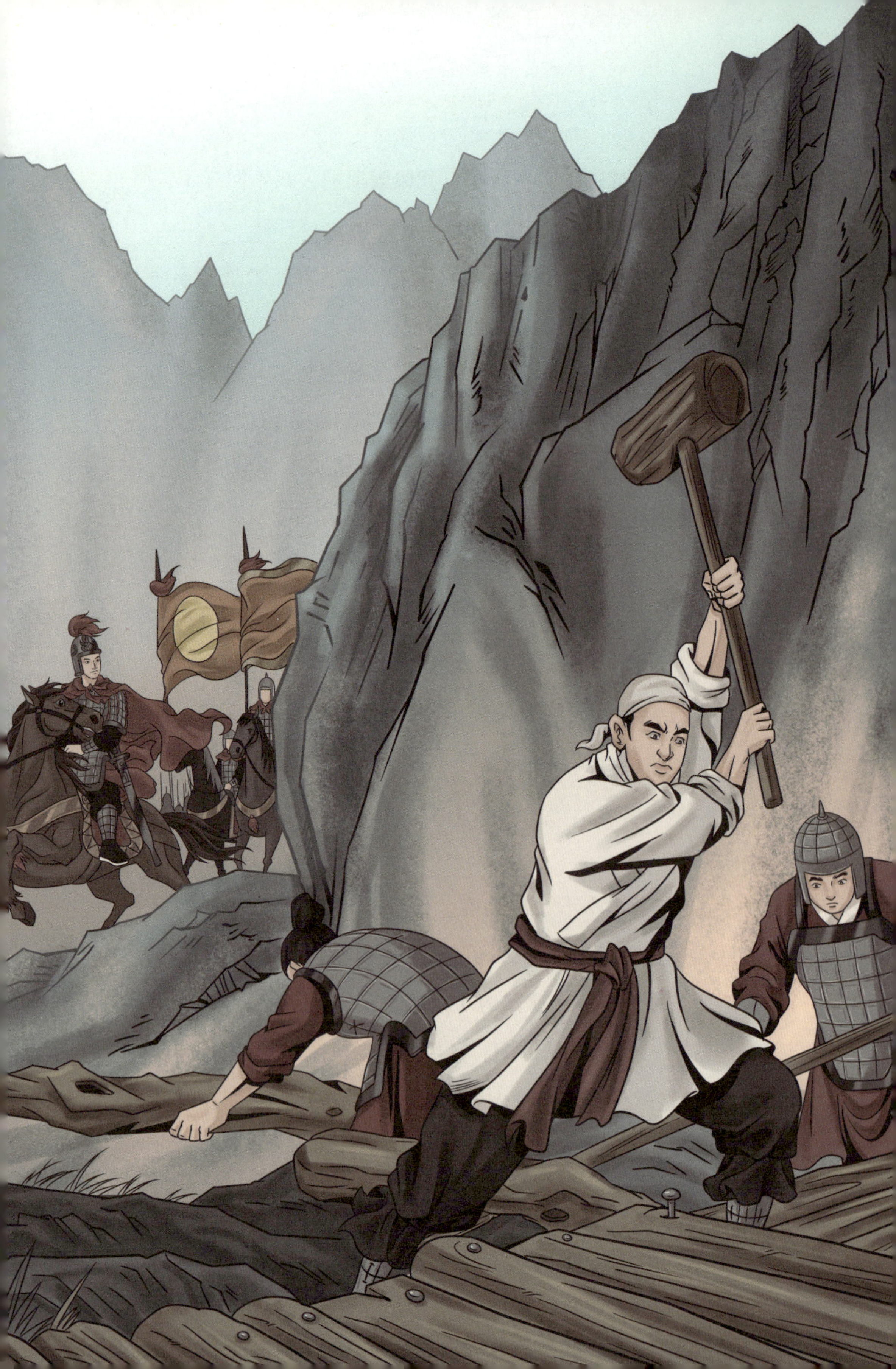

小 Q：我隐隐约约能猜到他俩最后谁能赢了。

姜 sir：各国之间都开始各种不满意，各种打仗，新一轮战争开始了。于是项羽开始四处攻打各诸侯国，兵锋所指，民不聊生，大失民心，每一次平叛后反而多一处敌对势力，项羽可以说是四处树敌。天下大乱给了刘邦养精蓄锐、浑水摸鱼的机会，刘邦也决定出兵，让韩信当了大将军，准备出征，当所有士兵摩拳擦掌准备杀回去的时候，韩信竟然派大家去重新修刘邦烧掉的栈道。

小 Q：姜 sir，栈道好修吗？

姜 sir：栈道常见于山区，是在陡峭的悬崖上用木材架起的通道，修建栈道在古代是十分危险且困难的事。那时纯用人力在悬崖峭壁上开洞，再揳（xiē）入木桩，铺上木板成为栈道，一不小心就会摔死。在没有机械化施工的古代，修一条栈道不知要耗费多少人力和心血。

小 Q：韩信会不会打仗，等栈道修好得多少年？就算修好了，人家一把火就给你烧了，你还打什么。

姜 sir：当时项羽派的人也这么想，可没想到韩信真正的目标是陈仓，当时有两条路线：一是走栈道；二是陈仓。陈仓这条路，沿途非常难走，山道弯弯，悬崖峭壁，很少有人冒险走这条路，这里也没有士兵把守。因此，韩信向刘邦提出，明修栈道，暗度陈仓。这是一条"声东击西"的战术。

小Q：就是我用修栈道吸引你的注意力，让你放松警惕，然后突然从陈仓杀出来。

姜 sir："明修栈道，暗度陈仓"是指将真实的意图隐藏在表面的行动背后，用明显的行动迷惑对方，使敌人产生错觉，并忽略自己的真实意图，从而出奇制胜。结果就是刘邦这次杀出来，不到一个月的时间，三秦地区全部被刘邦占领。这时候项羽准备来打刘邦，却中了张良的圈套，那么刘邦和项羽谁将一统天下呢？我们下节见。

56 面子和命哪个重要？

各位同学，大家好，我就是那个人见人爱、花见花开、车见车爆胎的姜 sir。

大家好，我就是那个负责问问题的小 Q 同学。

姜 sir：上节我们说到刘邦明修栈道，暗度陈仓，大喊一声"我回来了"，但项羽肯定不能不管，准备去打刘邦。可是，当年项羽在分封诸侯的时候漏掉了田荣，田荣自然心中不满。回到齐国之后，田荣就把三位齐王都杀了，自己当上了齐王，完全无视项羽的权威。作为西楚霸王的项羽自然不能忍，而且齐地距离楚地也不算太远，此时项羽就想着去消灭田荣。而刘邦入侵关中的消息传了过来，项羽便犹豫了起来，不知道先去打谁好。

小 Q：肯定是刘邦威胁大啊。

姜 sir：这个时候张良给项羽写了一封信，大概的意思是刘邦只是心里不舒服，觉得当年应该给他的土地没给他，想拿回来，根本没想争夺天下，我偷偷跟你说，田荣和赵歇准备联合刘邦一起灭了你。那才是你应该去消灭的，管刘邦干吗啊？

小Q：姜 sir，我都有点儿同情项羽了，被张良耍得团团转。

姜 sir：这就是项羽的缺点，他身边有人才啊，但他非得相信自己。他不被耍谁被耍？在关键问题上，项羽就是固执己见，目光短浅，听不进别人的建议。项羽去打仗了，刘邦这边就开始发展自己的势力了。而历史也将进入决战期，就是著名的楚汉争霸。

小Q：我虽然觉得刘邦会赢，但项羽可不好打呀。

姜 sir：刘邦当时组织了50万联军，讨伐项羽，被项羽打败了。

小Q：天啊，项羽的军事战斗能力太强大了。

姜 sir：刘邦开始了他的计谋，我打不过你项羽，我就打你的那些同盟军；我打不过你项羽，我就多交朋友，谁恨你，我就和谁好；我打不过你项羽，我就不和你打，我就守着不出去；我打不过你项羽，我就挑拨你和你大臣的关系，让你们内斗。

小Q：打仗项羽擅长，但只要一到动脑子的事，项羽就不行了。

姜 sir：慢慢地，优势就到了刘邦这儿了，也就到了决战时刻了，但没想到项羽主动求和了。小 Q，如果你是刘邦，你会同意吗？

小 Q：我坚决反对，必须消灭，要不然以后还得打。

姜 sir：张良也是这么说的，必须追击楚军，剿灭项羽。最终项羽节节败退，退到了垓（gāi）下，汉军由韩信统一指挥，兵力已达 60 万，楚军仅剩 10 万，韩信用的第一招十面埋伏，像一张大网一样把项羽围起来。

小 Q：可以破釜沉舟，当年就这么赢过。

姜 sir：还没等你使这招呢，韩信就出了第二招四面楚歌。一天夜里，楚军士兵刚刚入睡，忽然四面传来了家乡楚地的歌谣，楚军士兵一个个泪流满面，各个营帐里都跟着哼唱起了歌谣。项羽大惊道："难道汉军又占领了楚国城池，或者又有楚军投降了汉军，否则汉军中怎么会有这么多楚人！"

小 Q：还想着用破釜沉舟激发大家的士气呢，这一招四面楚歌太厉害了，士气全没了。

姜 sir：楚军已经没有粮食了，也没有援兵，现在斗志也没了，一批批士兵开始主动投降。项羽也知道赢不了，于是决定率领八百名精锐骑兵冲出去。这个时候，项羽心中也是难受的，谁想到自己会走到这一步，就写下了《垓下歌》：

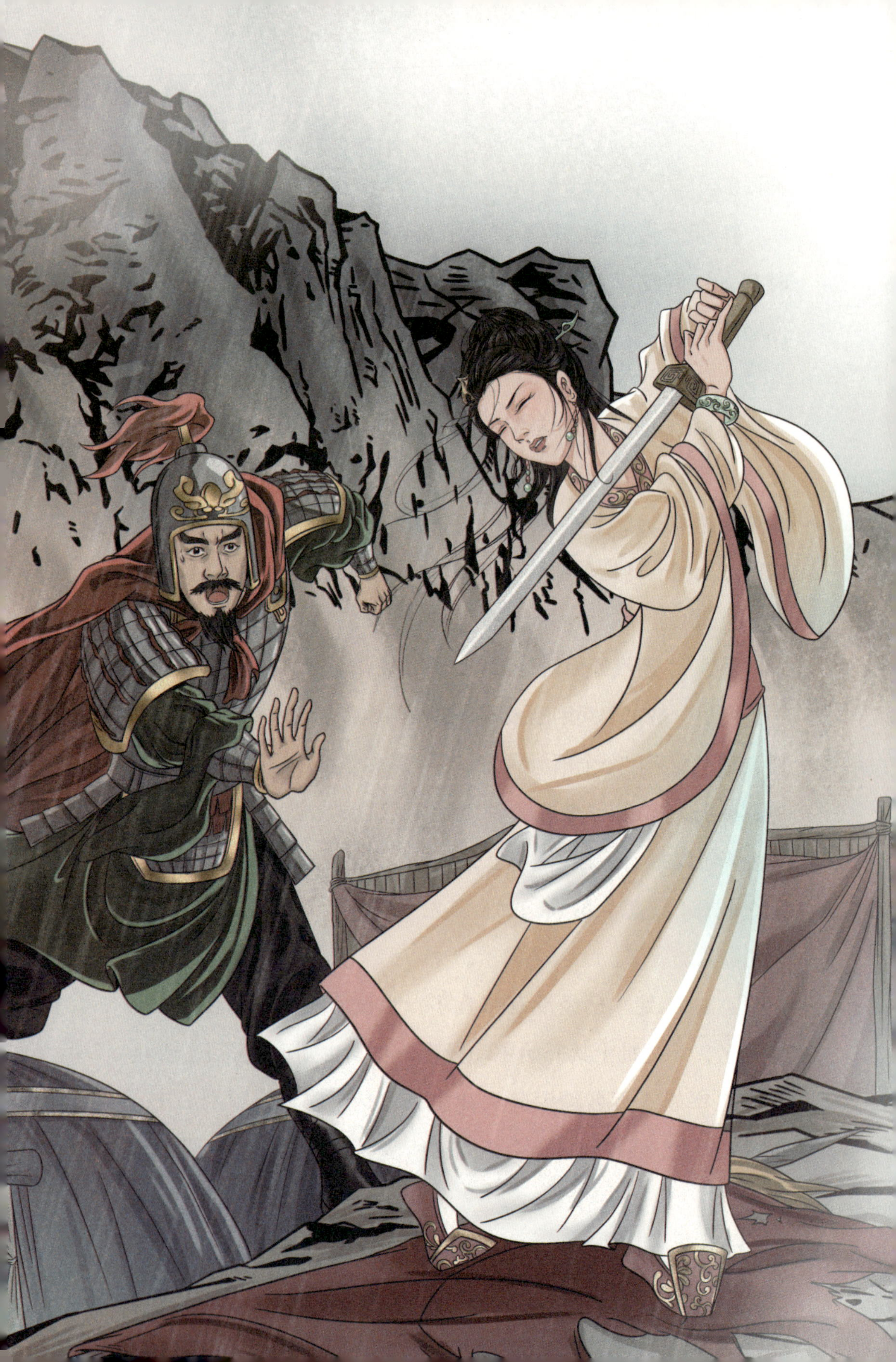

"力拔山兮气盖世，时不利兮骓（zhuī）不逝。骓不逝兮可奈何！虞兮虞兮奈若何！"意思是我的力量可以拔起大山，我的豪气世上无人能比，但时局对我不利啊，乌骓马跑不起来了。乌骓马不前进啊，我该怎么办？虞姬啊！虞姬啊！我又该把你怎么办？

小 Q：虽然我很想让刘邦赢，但听到这儿，感觉一代西楚霸王就这么失败了，还是有点儿伤感的。

姜 sir：虞姬当时也唱道："汉兵已略地，四方楚歌声。大王意气尽，贱妾何聊生！"虞姬唱完，便拔剑自杀了。这就是被传颂了千百年的"霸王别姬"。相传过了一段时间之后，在原本虞姬自刎（wěn）的地方长出了一种花，它的形状像极了鸡冠花，叶子又是一对一对生长的，就算没有风吹，它也会自己舞动，就像一个美人在跳舞一样，联想到此处是虞姬当年死亡之地，于是民间认为这朵花是虞姬的精神所化，就把它叫作"虞美人"。后世"虞美人"也成为唐代教坊曲，后成为词牌名。

小 Q：好感人的爱情故事。

姜 sir：项羽带领八百骑兵向南突围而去，最后只剩下 26 人来到长江西岸的乌江渡口，此时楚国的乌江亭长在江边划船等候。亭长对项羽说："江东很小，但可以供大王东山再起，请大王乘船渡江。即使一会儿汉军追来，附近也没有船，追不上你的。"

小Q：赶紧过去啊，过了江，就安全了。

姜sir：项羽没有过江，他说："今天这结局，是上天要灭我。即使回到江东，还能有什么作为。当年我率8000名江东子弟渡江出征，如今没有一人活着回来。就算江东父老可怜我，拥戴我，我有脸和他们相见吗？我不感到惭愧吗？"于是项羽拿起武器，打了人生最后的一场仗，"杀汉军数百人"，最后拔剑自刎，仅31岁。

小Q：为什么不过江呢？为什么啊？这时候还考虑什么面子啊。

姜sir：项羽为何不过江，项羽应不应该过江成了历史上一个永恒的话题。比如唐朝杜牧就写道："胜败兵家事不期，包羞忍耻是男儿。江东子弟多才俊，卷土重来未可知。"认为胜败乃兵家常事，能够忍辱负重才是真正男儿。江东子弟人才济济，若能重整旗鼓，未必会输。而宋朝才女李清照则写道："生当作人杰，死亦为鬼雄。至今思项羽，不肯过江东。"赞颂了项羽的壮烈之举。但无论怎么讨论，历史就是历史，历时4年的楚汉战争终于落下帷幕。

小Q：姜sir，其实我心里还挺喜欢项羽的，觉得他挺勇猛的。

姜sir：项羽有优点，也有缺点，毕竟人无完人。历史的接力棒到了刘邦手中，又有多少事情等着刘邦去解决呢？我们下节见。

57 他们骑着马来了

姜 sir：各位同学，大家好，我就是那个人见人爱、花见花开、车见车爆胎的姜 sir。

小 Q：大家好，我就是那个负责问问题的小 Q 同学。

姜 sir：楚汉战争结束了。打了三年，刘邦最终获得了胜利。公元前 202 年 2 月，刘邦举行了登基大典，汉朝建立了。

小 Q：我觉得刘邦接下来会很忙。

姜 sir：项羽虽然被消灭了，但是起义造反的其他势力还在，当时和项羽打仗的时候，刘邦封了一些诸侯王，他们都有士兵，所以还是有危险的。

小 Q：当皇帝真不容易啊，感觉还有很多仗要打。

姜 sir：最重要的是秦朝末期以来连续七年的全国性大乱战，全国人口大量减少，农田也没人种了，老百姓生活苦啊，怎么能让国家快速恢复过来，这是刘邦要解决的。

小Q：这每个朝代的第一个皇帝都好累，又得辛辛苦苦地打天下，还得辛辛苦苦地治理天下。

姜sir：其实整个中国，从春秋战国开始，基本一直在打仗，只有秦朝短暂地统一了一阵，就好像一个人一直在生病，刚康复又生了一场大病。小Q，你觉得这个人现在最需要什么？

小Q：我觉得需要吃药治疗一下，最主要的还是多休息。

姜sir：所以刘邦给这个国家吃的药就是宽容的制度，不再像秦朝一样，让整个国家休息，这个时候采用了道家"无为"的政策。中国古代是农业社会，农业社会就是要种田。不打仗，不去修什么阿房宫，让老百姓安心地进行农业生产，粮食生产自然就会丰收。粮食生产丰收了，人们自然富裕。人们富裕了，国家自然会强盛。

小Q：我明白了，就好像妈妈总和我说的身体抵抗力，刘邦是想让国家自己去恢复抵抗力。

姜sir：这个例子举得太好了！无为而治，不是不管，而是怕下面的官员瞎管、乱管，可就在你慢慢恢复的时候，他们骑着马来了。

小Q：他们是谁？怎么感觉要发生大事了。

姜sir：他们就是草原民族，草原民族主要生活在草原上，他们放羊、放牛，每个人从出生开始就要学习骑马、射箭，他们不会固定在一个地方生活，哪里有草，哪里有水，他们就带着牛羊过去。这和中原文明是不一样的。

小Q：中原文明主要靠种地，不需要总换地方，毕竟土地又不会跑。

姜sir：是的，相比之下，草原的生活环境就没有那么稳定了。当游牧民族吃不饱的时候，你猜他们会骑着马来做什么？

小Q：来中原地区抢，秦始皇就因为这个还修了长城呢。

姜sir：秦汉交替之际，匈奴王子冒（mò）顿（dú）杀死了他的父亲，自立为单（chán）于（古代匈奴君主的称号）。冒顿单于登位后，统一了各部匈奴，逐渐强盛起来。楚汉相争时，冒顿单于利用兵强马壮的优势，重新占领了河套平原，从此便不断骚扰中原，成了汉朝的严重威胁。其实两千年来，草原民族从来没放弃过侵略中原，每个朝代都在打，有人做过统计，平均每十年便会入侵两三次。每次战争的背后，大部分都是草原天气不好的时候，当然也有例外，但旱灾是主要原因。

小Q：那你吃不饱，也不能来我这儿抢啊。

姜sir：那怎么办？难道我们去给人家讲道理？你们不能这个样子，万事万物都是有规律的，你们这么做，是不道德的，我要批评你们。

小 Q：算了吧，听得懂才怪，还是自己强大起来，让别人打不进来才好。

姜 sir：小 Q 这句话说对了，不要想着别人不会欺负你，永远要想着自己强大了，就没人敢欺负你。现在怎么没人敢欺负我们中国呢？是因为有强大的中国人民解放军保卫着我们呢。

小 Q：可汉朝那时候刚刚恢复一些抵抗力，打得过吗？

姜 sir：打不过也得打，人家都打到家门口了，怎么着都得打。公元前 200 年 10 月，刘邦亲率 30 多万大军北渡黄河开战。这是史书中关于和草原民族的大规模武装战斗的第一次详细记录。这一路打过来，刘邦也没碰着匈奴多少大部队，每次都是碰着小部队，轻轻松松就给打败了。

小 Q：我怎么感觉有圈套呢？

姜 sir：刘邦着急取胜，就说："都是些小部队，咱们这么多人，分兵去抓他们，快速地把这些小部队解决了。"于是刘邦亲自率领骑兵准备袭击匈奴主力，想快速结束战斗，可追到了平城附近，平城也就是现在山西省大同市，刘邦不追了，开始往回跑。

小 Q：是不是敌人有埋伏？

姜 sir：原来狡猾的冒顿单于见刘邦亲率汉军而来，采取示弱之计，故意以老弱病残队伍与汉军交战，假装战败，诱

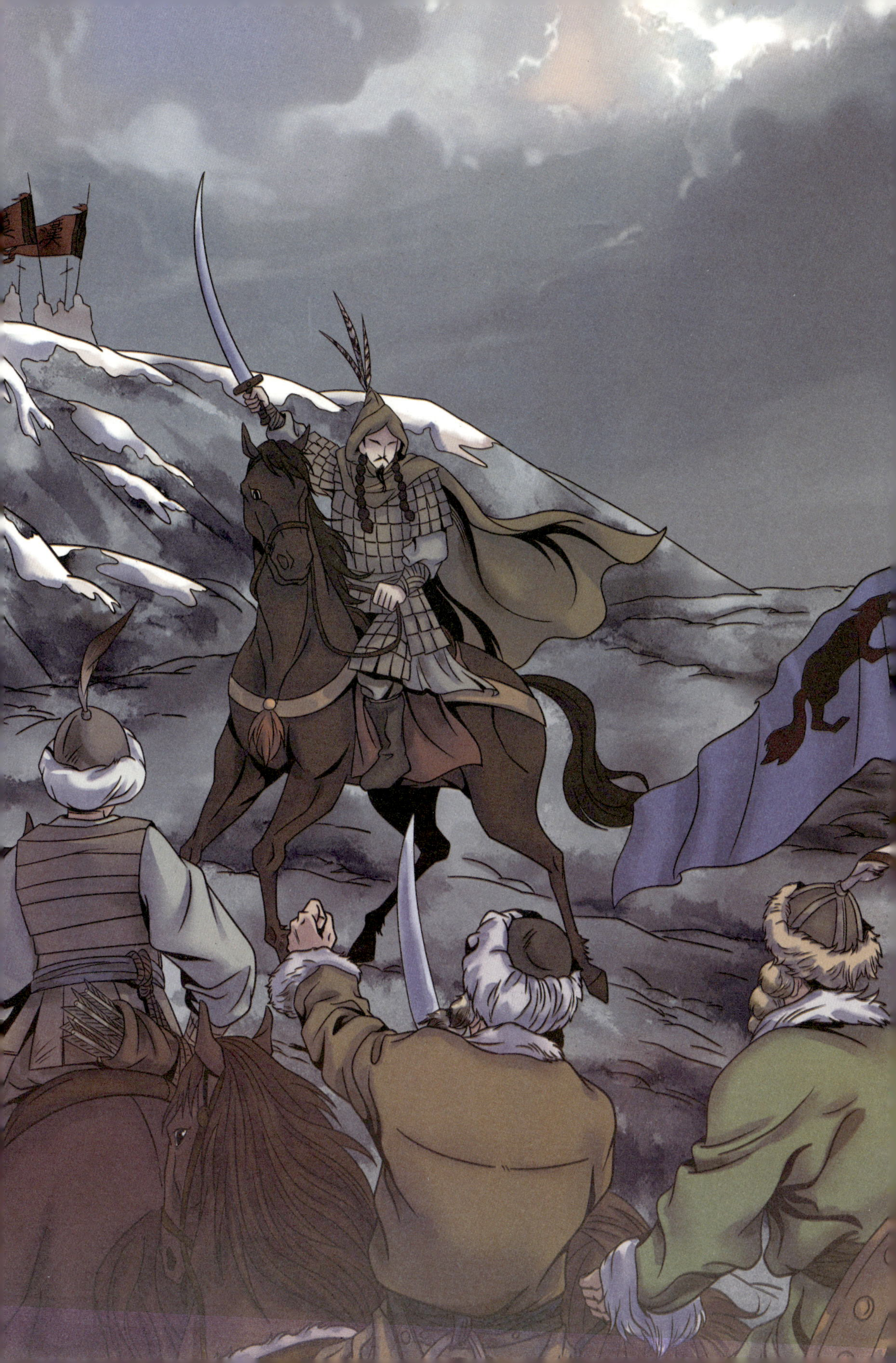

使汉军深入，在刘邦带领的兵马进入包围圈后，冒顿单于命40万匈奴骑兵蜂拥而出，截住了后面的汉军步兵，而将刘邦亲率的前部兵马围困在平城以东的白登山上。

小Q：完了，完了，被40万人围起来，除非插上翅膀，要不死定了。

姜sir：白登山地势险要，武器精良的汉军据险而守，不擅步战的匈奴骑兵虽然一时没有攻上山去，但他们将白登山团团围住，并且派重兵驻扎在各个重要路口，截住了汉兵的援军，白登山上的汉军成了一支既无粮草又无救兵的孤军。被包围后，汉军也进行了几次突围，经过激烈战斗，都以失败而告终。但不要忘了鸿门宴、楚汉争霸，有多少次刘邦都是靠着聪明的大脑活下来的。你还记得当年勾践被夫差围着，靠什么活下来的吗？

小Q：送礼，给匈奴首领身边的人送。让他去说好话。

姜sir：就是这招，匈奴就退兵了。

小Q：啊？那以后还打什么仗啊，都用这招呗。

姜sir：其实真正的原因是刘邦的大部队正快速赶过来，匈奴又不能在很短的时间内抓住刘邦。一旦大部队来了，危险的是自己啊，所以匈奴才退兵的。

小Q：那最后算谁赢了？

姜sir：白登之战，从伤亡数量看，两军打了个平手，所以从此停战，匈奴全部回撤至长城以北，汉朝每年送匈奴金钱和物品，双方先短暂地友好相处。刘邦已经老了，汉朝接下来会发生什么？为什么一场汉朝的争斗竟然成为后世的传统节日呢？我们下节见。

58 元宵还是汤圆？

各位同学，大家好，我就是那个人见人爱、花见花开、车见车爆胎的姜 sir。

大家好，我就是那个负责问问题的小 Q 同学。

姜 sir：人老了就想回老家看看，刘邦回到了沛县，看看当年的老朋友，吃吃饭、喝喝酒。动情处，刘邦吟诗一首："大风起兮云飞扬，威加海内兮归故乡。安得猛士兮守四方！"这就是著名的《大风歌》，意思是大风吹啊云飞扬，我统一了天下啊回到了家乡，怎样才能得到勇士啊为我镇守四方。

小 Q：感觉刘邦心里还是惦记着国家。

姜 sir：公元前 195 年 6 月，汉高祖刘邦去世了。汉惠帝刘盈继位，年仅 16 岁。

小 Q：16 岁？太小了吧。能管好一个国家吗？

姜 sir：汉惠帝善良，又有点儿软弱，容易轻信别人。

小 Q：年龄又小，性格又这样，感觉汉朝要出事。

姜 sir：汉朝并没有出事，因为汉惠帝的妈妈吕后太厉害了，她叫吕雉，是汉朝第一位皇后，史家通称吕后。吕后是自始皇帝以来，第一位历史上有记载的皇后。汉惠帝在位期间，吕后执掌朝政大权，汉朝得到了很大的发展，《史记》如此形容她："政不出房户，天下晏然。刑罚罕用，罪人是希。民务稼穑（sè），衣食滋殖。"这 25 个字对她的评价很高，大概意思就是施政不出门户，天下也安然无事；刑罪很少使用，犯罪的人也很少；百姓专心从事农耕，衣食富足起来了。由此可见当时吕后有多么贤明。但吕后在统治期间，把他们家姓吕的都提拔成了大官，这就是吕氏集团。吕后活着，吕氏集团没人敢动。但吕后死了呢？

小 Q：我懂了，本来天下都在姓刘的手中，现在姓吕的突然厉害了，这两家肯定得斗起来。

姜 sir：公元前 180 年 8 月，吕后因病去世。吕氏的诸侯王很害怕："完了，完了，这下刘氏集团肯定得报复我们。怎么办？怎么办？不如造反吧，天下就归我吕家了。"可这消息传到了刘氏集团那里："这怎么行啊，我们刘家的天下，仗着吕后，你们得意就得意吧，我们也就忍了，现在还想当皇帝，门儿都没有。干脆灭了你。"于是吕氏家族被灭了。

小 Q：幸亏提前知道了，否则天下就得大乱了，这灭了吕家，得庆祝一下吧。

姜 sir：平乱之后，大臣们拥立刘邦的第四个儿子，也就是汉文帝刘恒当了皇帝。汉文帝觉得差一点儿就让国家陷入混乱，现在太平了，决定把平定叛乱这一天定为纪念日，每年到这个时候，大家都要张灯结彩，庆祝起来。

小 Q：是哪一天啊？

姜 sir：正月十五。

小 Q：元宵节啊。元宵节的起源是不是和端午节一样，也有很多种说法？

姜 sir：对喽，元宵节的来源有几种说法，纪念平吕就是其中一种说法。正月又叫元月，古人管夜晚叫"宵"，所以称正月十五为"元宵节"。小 Q，你知道元宵节吃什么吗？

小 Q：这个可难不倒我，我这么喜欢吃的人——当然是吃元宵了。

姜 sir：那元宵和汤圆有没有区别呢？

小 Q：有啥区别啊，都是吃的呗。

姜 sir：虽然都很好吃，但还是有区别的，一般说法是南方吃汤圆，北方吃元宵。汤圆是把生糯米和成粉团，然后把各种馅儿包进去，搓成圆圆的球。元宵是要先把馅儿切成小块儿，蘸上水，然后在放满糯米粉的筛漏上摇啊摇啊摇，边

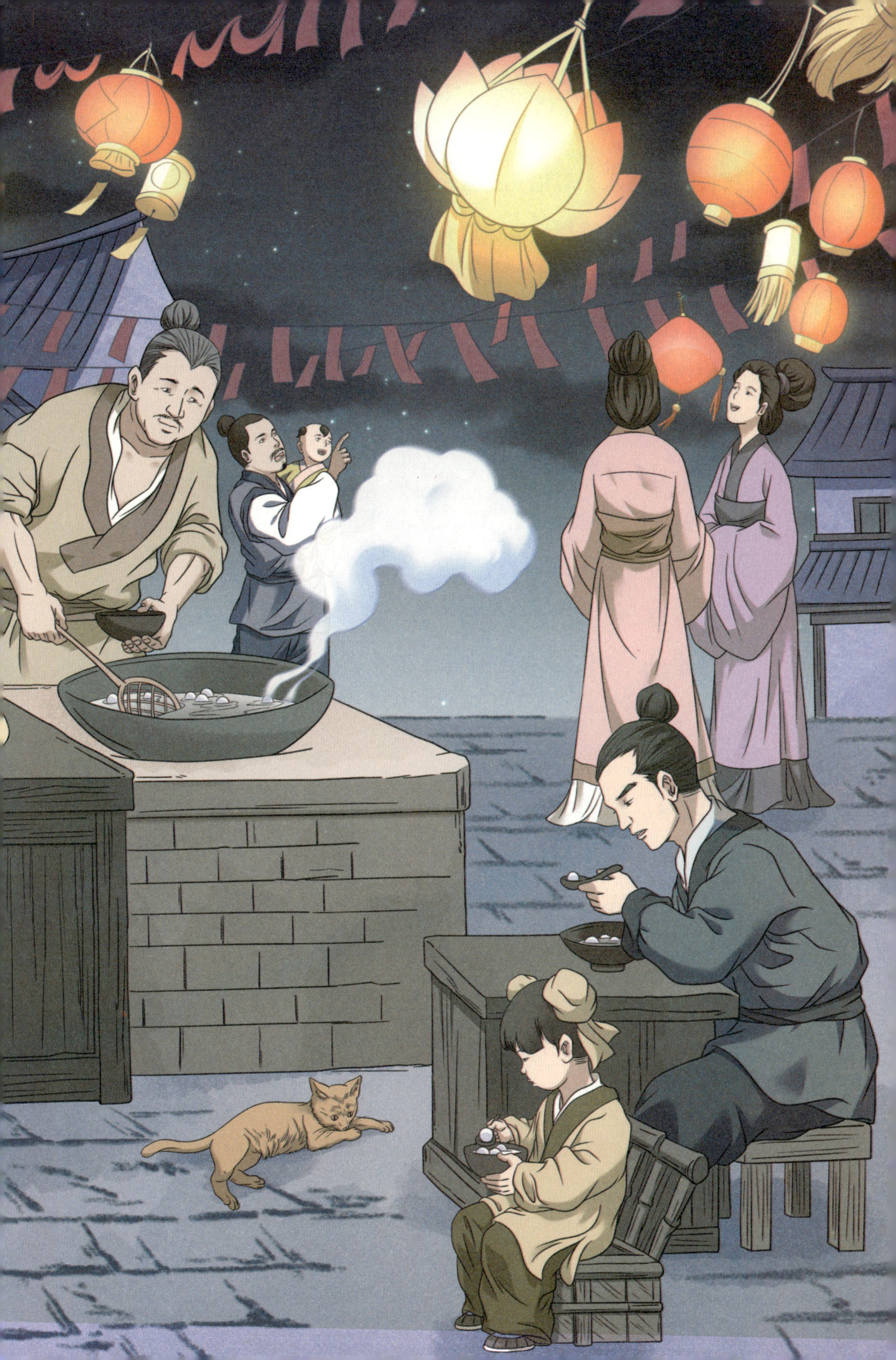

摇边洒点儿水，等馅儿全滚上粉，滚成圆球。

小 Q：我就想知道味道有啥区别吗？

姜 sir：汤圆的馅儿偏软，咸甜荤素什么味道都有，有五仁、豆沙、山楂糕、水果、鲜花口味的，还有霉干菜烧肉、香菇鲜肉馅儿的。元宵的馅儿偏硬，一般单以甜口为主，黑芝麻、豆沙都是常见的馅儿。

小 Q：汉朝的时候就有这种食品了吗？

姜 sir：根据记载，到了南北朝，人们元宵节吃的是拌了肉和油的粥。

小 Q：啊？这好像差得太多了。

姜 sir：到了唐朝的时候，元宵节吃的是一种形状像蚕似的带馅儿的面食。

小 Q：那倒是有点儿像。

姜 sir：到宋朝的时候，就有元宵了。那时候的元宵都比较小，就像珍珠一样，漂在水面上，人们也管它叫浮圆子。小 Q，你知道元宵节除了吃，还有什么其他庆祝形式吗？

小 Q：我看过舞狮子。

姜 sir：狮子在我们中国人心目中象征着吉祥如意，舞狮活动代表了老百姓消灾除害的美好愿望。

小 Q：还有猜灯谜。

姜 sir：据记载，在南宋，猜灯谜就已经成为元宵节的一种游戏方式了，开始时是好事者把谜语写在纸条上，贴在五光十色的彩灯上供人猜。姜 sir 也给你出个灯谜：狗的儿子，猜一个汉朝著名的文人。

小 Q：这我上哪儿猜去啊，太难了。

姜 sir：那我们下节就来揭秘这个汉朝鼎鼎有名的文人吧！

59 犬子不是狗儿子

各位同学,大家好,我就是那个人见人爱、花见花开、车见车爆胎的姜 sir。

大家好,我就是那个负责问问题的小 Q 同学。

小 Q:姜 sir,赶紧公布上节的答案吧,狗的儿子,多难听啊,怎么会是一个文人的名字呢?

姜 sir:越难听才越好。

小 Q:怎么可能?我们每个人的名字都有美好的含义。

姜 sir:因为古时候有贱名长命的说法,人们认为孩子的名字越难听,越能长命百岁,比如狗蛋、狗剩、铁蛋、铁锤。

小 Q:啊?为什么会起这么难听的名字?

姜 sir:有一种说法是古时候的医疗技术差一些,经常会有孩子夭折,人们不知道怎么用医学方面的知识去解释,就觉得孩子是被鬼怪带走了，所以起个难听的名，让鬼怪听见这名都不感兴趣，于是就有了"名字贱了好养活"的说法。

小Q：明白了，也就是一种迷信说法，那我理解为什么有人叫犬子了。那这个人到底是谁？

姜sir：这个人特别优秀，后世的人都希望自己的儿子能像他一样出色，就都管自己儿子叫犬子，所以"犬子"这个词后来就成了谦虚的称呼，意思就是我的儿子。

小Q：也就是我爸爸和别人介绍我的时候，可以说，这是犬子。

姜sir：对的，就是这么用。

小Q：原来犬子不是狗的儿子，是这个意思啊。姜sir，这人到底是谁啊？

姜sir：小Q，你背过古诗吗？

小Q：当然背过了，我妈妈说我3岁就会背古诗了。

姜sir：哪个朝代的古诗最厉害，你知道吗？

小Q：当然是唐朝了，唐诗最厉害了。

姜sir：王国维曾在《宋元戏曲考》中写道：

> 凡一代有一代之文学，楚之骚，汉之赋，六代之骈（pián）语，唐之诗，宋之词，元之曲，皆所谓一代之文学，而后世莫能继焉者也。

每个朝代都有自己最棒的文学形式，汉朝就有汉赋，仅《汉书》里的作品就有1004篇，汉赋的数量要远远超过汉朝的诗歌。

小Q： 汉赋就是汉朝的赋，可什么是赋啊？

姜sir： 赋是一种文章，讲究文采、韵律，句式错落有致。比如《子虚赋》中写楚王的马车很快，就会这么写：楚王的马车速度非常快，有如惊雷滚动，好似狂飙袭来，像那流星飞坠，也好像是雷霆撞击一般。

小Q： 听着很震撼啊！

姜sir： 当时的汉朝国力强盛，无论是皇帝还是老百姓，都有一种优越感，整个国家都充满着一种强大的自信心，而赋正好可以写出这种气势。

小Q： 姜sir，我想到了杜牧的《阿房宫赋》，不就是把阿房宫写得很壮观吗，但《阿房宫赋》不是给皇帝提意见的吗？

姜sir： 汉赋本身就是用来提意见的，却没有收到预想的效果，不仅没能改变皇帝，反而产生了相反的效果，就好像我写阿房宫的壮观，是想告诉你不能这么做，可没想到你读完后，竟然没觉得自己不对，反而发现还有这么好的宫殿，还能这么修建啊。

小Q： 就好像姜sir告诉我们什么是不对的，有的小朋友竟然没听进去，还发现了新的捣乱方式。

姜 sir：是这个意思，西汉的赋最为明显。要么写宫殿的规模宏大，要么写帝国物产的丰富，要么写将军的勇猛，写的时候加入大量的想象，帝王们读了，就都被这些吸引了，谁还去思考你到底提了什么意见啊，所以"赋"这种文学形式不适合提意见用。

小 Q：对，还不如寓言故事呢，可为什么还有很多人去写赋呢？

姜 sir：皇帝喜欢啊，赋写得好可以当官啊，所以很多人都会写。但一些人也会拒绝，比如著名的扬雄后来就不写了，因为他认为赋不但没起到提意见的作用，反而成了娱乐的工具。还有一个原因，就是有一个人太厉害了，所有人写赋都想超越他，都想模仿他，但这个人一直被模仿，从未被超越。他就是我们说的犬子。

小 Q：哎呀，姜 sir，你要不说我都忘了，你到现在还没告诉我他是谁呢。

姜 sir：他是四川成都人，被称为"赋圣"，这个"圣"字就代表了在某个领域最棒的意思。小 Q，你知道齐天大圣吧？

小 Q：当然知道，孙悟空。不会孙悟空是犬子吧？

姜 sir：不是，我是想告诉你"圣"这个字很厉害。

小 Q：姜 sir 啊，别卖关子了，告诉我是谁吧？

姜 sir：说到"卖关子"这个词，其实"关子"最早是买

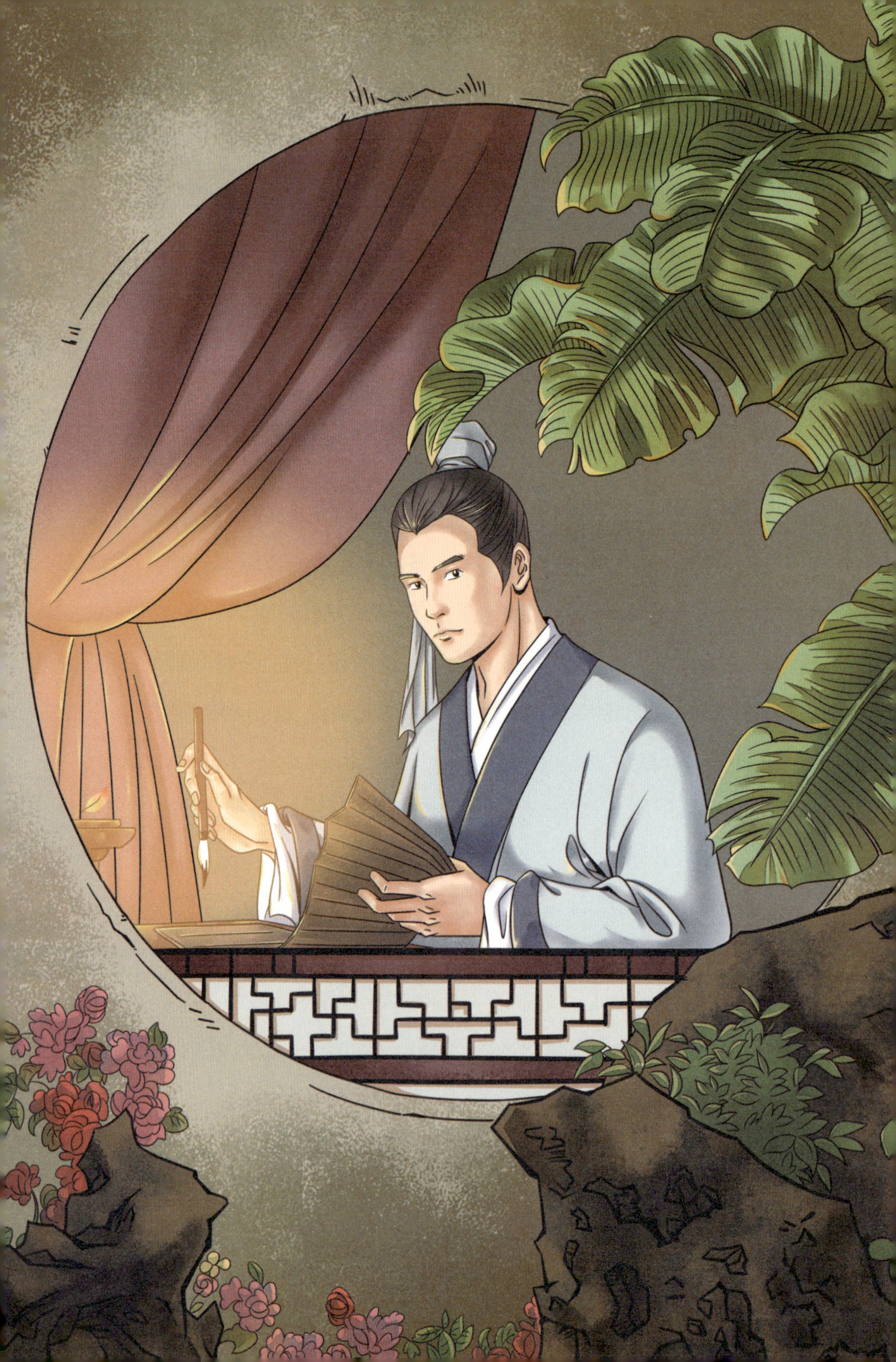

卖的一种手续，你没这手续不能买。你想买，就得过这道手续，后面慢慢就成了你想知道，就得慢慢等。

小 Q：好吧，您可以说是谁了吧，我这都等了一节了。

姜 sir：这个人就是司马相如，小名叫犬子，司马相如的赋就是写给一位著名的皇帝看的。是哪个皇帝呢？我们下节见。

60 不做大事对不起爸爸

各位同学,大家好,我就是那个人见人爱、花见花开、车见车爆胎的姜 sir。

大家好,我就是那个负责问问题的小 Q 同学。

姜 sir:上节我用卖关子的形式提到了汉赋和司马相如。

小 Q:你真能卖关子啊,这给我着急的。

姜 sir:其实司马相如的赋最初并没有受到重视,直到遇见了他人生中非常重要的那个皇帝,这个皇帝读了司马相如的《子虚赋》,被华美的文辞与磅礴的气势所吸引,不由得拍手叫好。他一口气读完,以为作者是前朝人,便连声叹息说:"写这篇赋的人真是个才子,可惜我没有和这个人生活在同一个时代!"这时,皇帝身边服侍的人说:"陛下,写这篇赋的人小臣知道,他是小臣的同乡司马相如,现在在成都闲居。"

皇帝听了又惊又喜，问道："你说的可是真实情况吗？""是的，司马相如曾经对我说过，是他写的《子虚赋》。""太好了！这么一个有才华的人，竟没有人对我说过。"这个皇帝有点儿惋惜地说。于是，他马上派人召司马相如来京。

小Q：赶紧把司马相如找过来，给予重用。

姜sir：把司马相如找过来之后，皇帝说："你写得太好了。我太喜欢了。"司马相如微微一笑："这篇只是原来的水平，我现在能给您写出一篇更好的。"于是他就又写了一篇。这个皇帝有多喜欢司马相如就不用我说了吧。

小Q：所以说，人不仅仅需要机会，还得有才华。这个皇帝是谁？

姜sir：这个皇帝可太厉害了，甚至名气比刘邦都大。算是汉朝最出名的皇帝了。

小Q：姜sir，你又卖关子了，谁能比刘邦名气大，我不信。

姜sir：他就是鼎鼎大名的汉武帝，我们伟大的毛主席写道，"江山如此多娇，引无数英雄竞折腰。惜秦皇汉武，略输文采"。而提到汉武帝就得提到他爸爸汉景帝，提到汉景帝就得提到他爸爸汉文帝。

小Q：我有点儿晕，怎么各种爸爸？

姜sir：汉文帝是汉武帝的爷爷，汉景帝是汉武帝的爸爸。汉武帝为什么能有那么高的成就，得感谢他爷爷和他爸爸的成果，也就是著名的"文景之治"。汉文帝是个很节俭的皇帝，节俭到什么程度？衣服破了，不舍得扔；房子旧了，不舍得装修。

小Q：相比原来的那些昏君，得给汉文帝1000个赞。

姜sir：他还把用不上的皇家园林拆了，将土地给老百姓种田，他儿子汉景帝继位后，继续保持这种风格，并且鼓励老百姓多种田，甚至亲自种田。小Q，你觉得在这两个皇帝统治期间，天下会怎么样？

小Q：我觉得会特别繁荣，老百姓过得一定特别好。

姜sir：还记得汉朝刚刚建立的时候，有的大臣都坐不起马车，得坐牛车去上班。经过了汉文帝、汉景帝的治理，国家完全恢复了，粮食太多了，粮仓都装不下了。"文景之治"可以说是中国古代历史上第一个有确切记录的盛世。它表现出汉朝在经过休养生息之后的效果，也为后来汉朝盛世打下基础，是不可忽视的重要时代。那爷爷和爸爸把天下治理得这么好，这时候交给了汉武帝，你说汉武帝不做点什么大事，对得起他爷爷和他爸爸吗？

小Q：明白了，只要不瞎折腾，这么好的国家基础，肯定得做点儿什么。

姜sir：汉武帝当上皇帝，得先解决爷爷的爸爸留下的问题。

小Q：姜sir，汉武帝爷爷的爸爸又是谁？

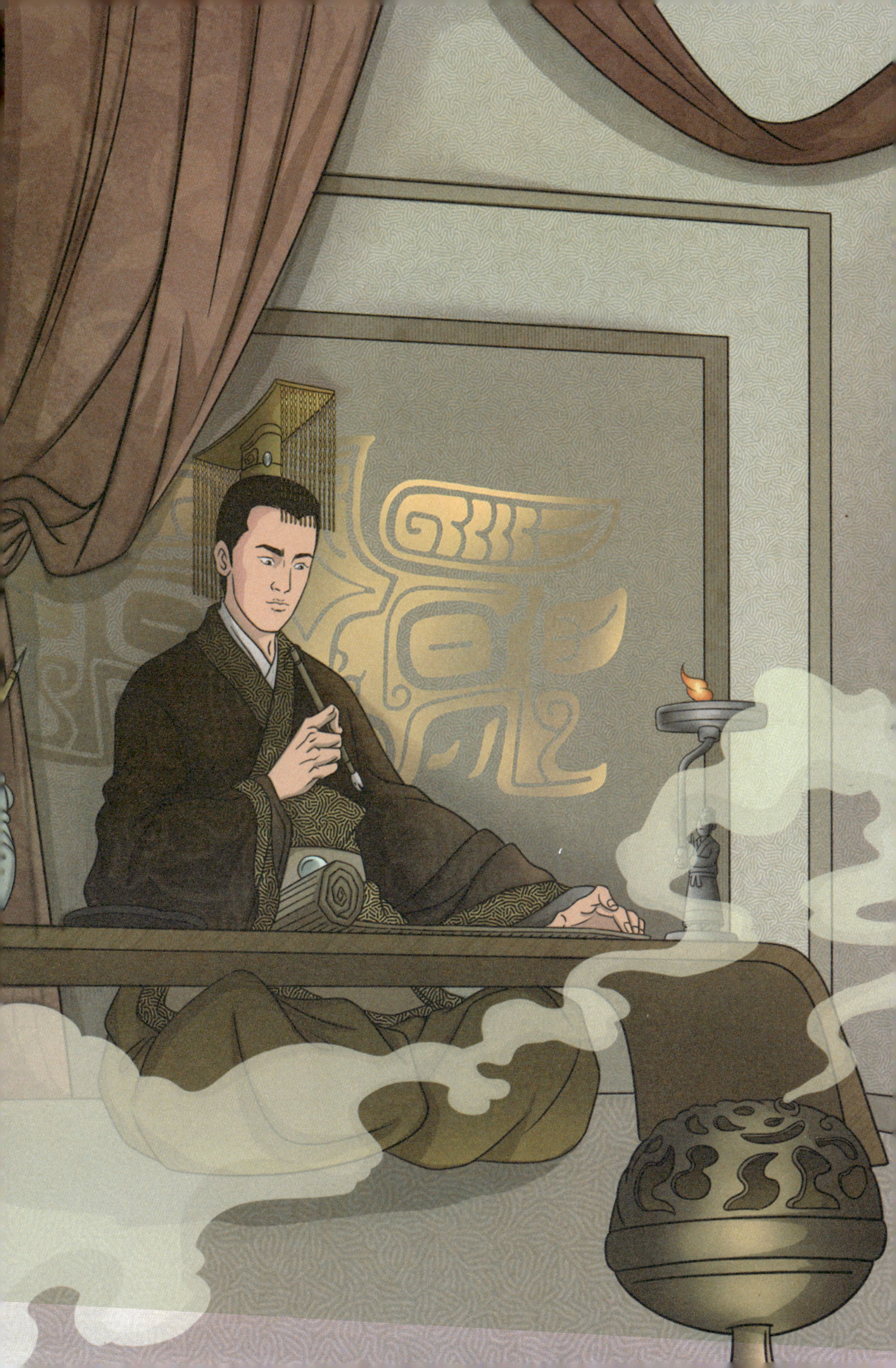

姜 sir：就是刘邦。刘邦在建立汉朝后，给自己的哥哥、弟弟、儿子都进行了分封，这些分封的诸侯王和刘邦关系好，刘邦活着的时候没事，可刘邦去世后，却不好管了。这些人拥有自己的大家族，大片土地，还有军队，不但不服从朝廷的命令，还动不动就造反。汉文帝和汉景帝时期就有这些诸侯造反的事件发生，虽然给镇压下去了，但这些诸侯就是一个个的"定时炸弹"，随时会爆炸伤害国家。汉武帝心想：我得给解决了，要不我怎么做大事啊。

小 Q：根据我的历史经验，一定不能直接废除这个制度，要不大家会一起造反的。

姜 sir：汉武帝用了一个数学公式，就把这事给解决了，就是推恩令。

小 Q：啥？这么大的难题，一个数学公式就能解决？

姜 sir：原来的诸侯是继承制，诸侯去世了，大儿子继承所有权力和土地，等于接力棒模式，国家拿人家也没办法。汉武帝就说了："只有老大能继承，这样多不公平。这样吧，以后你有多少个儿子，就多少人一起继承。"这就叫"众建诸侯而少其力"。众建，多建的意思，多封几个诸侯，诸侯的力量就被平均了。

小 Q：太聪明了，这样就没有大诸侯国了，都分开了，但会不会有反对的？

姜sir：会啊，肯定有反对的啊，你想想那些儿子，有多少会同意，有多少会反对啊？

小Q：老大会反对，因为他的少了，但其他人会同意。因为他们原本不会有。

姜sir：有一句名言："堡垒最容易从内部攻破。"于是王国越分越小，权力也被平均，就没能力对抗中央了。汉武帝同时还规定，不许诸侯王结交宾客，限制诸侯王活动，只能衣租食税，不得参与政事；诸侯王不经中央同意不得擅自离开封地。这就是被称为史上最成功、最无解的削藩政策——推恩令。

小Q：我有办法破解，就生一个孩子。

姜sir：古人认为子孙后代繁盛家族才能壮大，就一个后代，如果身体不健康或者发生什么意外，可能就绝后了。所以放在当时的社会背景下，再加上汉武帝时中央强大的控制力，推恩令可以算是无解的了。接下来汉武帝还会做什么，又面临着哪些问题呢？我们下节见。

61 董仲舒是谁？

姜 sir：各位同学，大家好，我就是那个人见人爱、花见花开、车见车爆胎的姜 sir。

小 Q：大家好，我就是那个负责问问题的小 Q 同学。

姜 sir：上节我们说到汉武帝的爷爷和爸爸给他打下了基础，汉武帝要开始办大事了。接下来，一个强大的汉帝国要出现在中国历史上了。

小 Q：好激动啊，从上节的推恩令我就发现汉武帝不是那种瞎折腾的皇帝。

姜 sir：做大事肯定离不开人才，公元前 140 年，汉武帝开始选拔人才，只要对这个国家好的建议，随便提。这个时候，一个重要的人物出现了，他就是董仲舒，有一个"三年不窥园"的成语故事，主人公就是他。董仲舒小时候，读书特别认真刻苦，家人心疼他，就在家里修建了一座花园。让他可以休息休息，可没想到，花园建成三年了，董仲舒一步都没进去过，一直专心学习。

小Q：这么努力，那后来董仲舒成功了吗？

姜sir：董仲舒见到汉武帝后，说了自己所有的想法，汉武帝听了之后，就差拿个本儿一字不差地记下来了。他的建议简直太棒了，句句都说到了汉武帝的心里。

小Q：他都说什么了？

姜sir：第一个观点是天人感应，君权神授。意思就是皇帝的权力是谁给的？老天。为什么你能当皇帝，是上天定下来的，你是代表上天在管理这个世界，谁敢不听，就是不听老天的。

小Q：这要比找三皇五帝攀亲戚高级多了。

姜sir：汉武帝听了后，心里乐开了花："我就一直想给自己找个理由，我为啥让所有人都得听我的，这下好了，有理由了。"所以皇帝经常去祭天，就是在告诉所有人："你看，我和我的上级老天在沟通呢。""喂？是老天吗？我最近都做了什么给您说一下。"

小Q：咋感觉祭天就像工作汇报呢。

姜sir：董仲舒第二个观点把汉武帝一直在想的难题给解决了，就是到底该用哪家学派的思想。汉朝初期，为了恢复

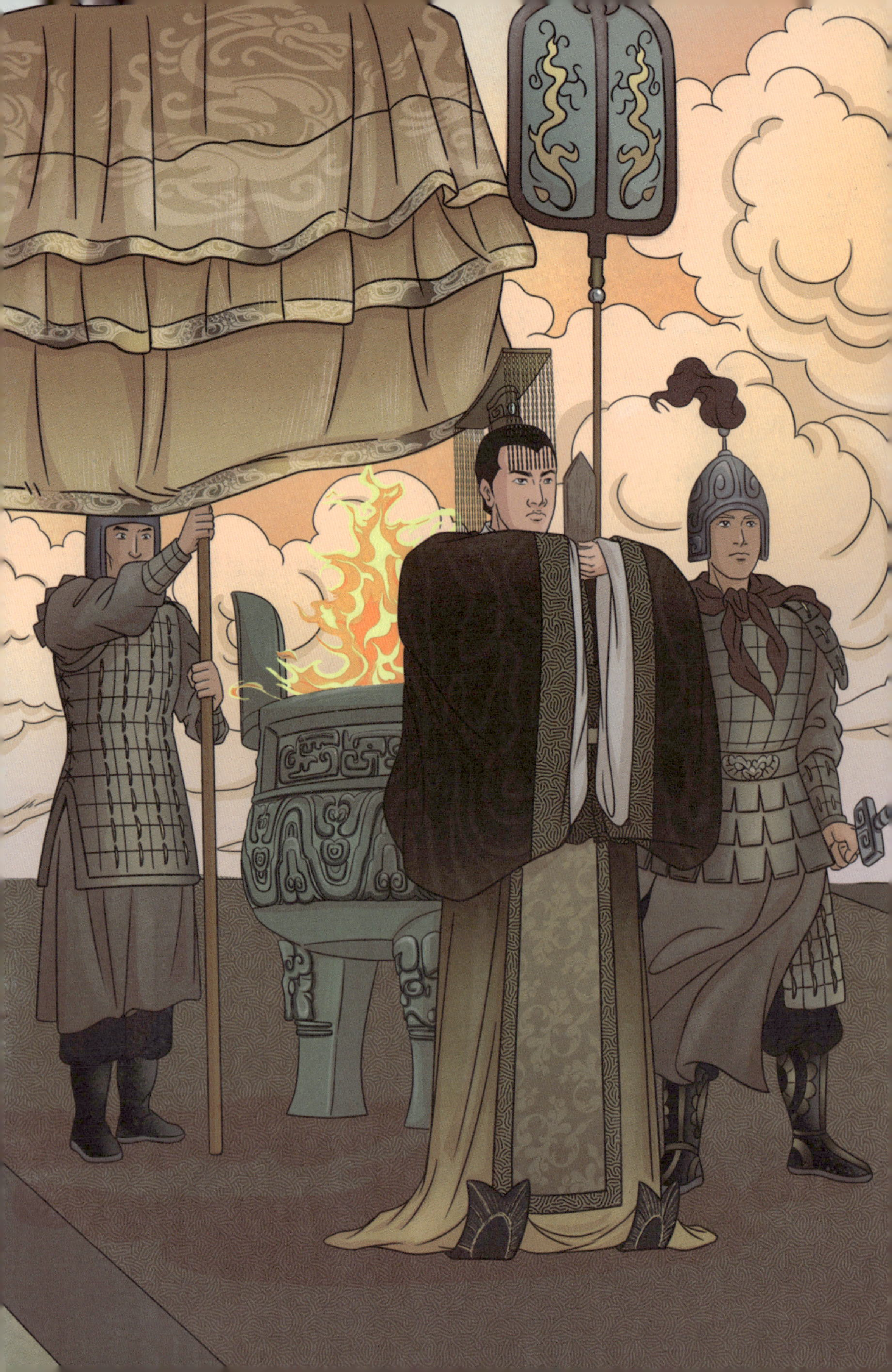

国力，采用了道家的无为而治，让国家按照规律自然发展。可现在国力恢复了，诸子百家都有，百姓不知道该遵守哪家的了，这思想得统一一下。

小Q：我同意，毕竟现在不是春秋战国了，天下统一，需要一种思想带领大家快速进步。

姜sir：于是董仲舒提出了"罢黜百家，独尊儒术"。

小Q：这个我听懂了，就是用孔子的儒家思想。

姜sir：从此，儒家思想成了中国古代社会的统治思想。小Q，你知道为什么几千年来，我们遭受了各种各样的侵略、战争、灾难，但依然还存在于这个世界上，并且越来越强大吗？其实和儒家思想有关。思想统一了，就增强了全国人民的凝聚力。儒家有一个重要的思想深深地种在每一个中国人的心中，就是将国家排在了第一位，每一个人都以为祖国做出贡献而感到光荣。

小Q：姜sir，我要为董仲舒点1万个赞，为汉武帝选了这么好的儒家思想。但汉武帝会像秦始皇一样，把其他的书籍给烧了吗？

姜sir：不会的，汉武帝不是要禁止其他学派的著作和思想，而是确定一个最重要的。其实，"罢黜百家，独尊儒术"不是董仲舒的原话，是后人的总结。董仲舒的思想更应该理解为"尊崇儒术，兼容百家"。

小Q：怪不得汉武帝喜欢董仲舒，我都有点儿崇拜董仲舒了。

姜sir：察举制更厉害，把中国选拔人才的制度升级了。察举制始于汉文帝，至汉武帝时形成了一套较为完善的制度。察举制具体的实施办法是皇帝下诏全国各地，公开征求人才，中央和地方的各级主管官员把民间出众的人才向中央和地方各级政府推荐，经过一定形式的考察后，择优录用，授予官职，然后补充到各级政府机构中去。

小Q：这个听起来很好，但也有问题啊，万一地方官员推荐的都是他们家的自己人呢，还是没办法选出真正的人才。

姜sir：有规定，你推荐的人好，就给你奖励；你推荐的人不好，就罚你。从此，这套制度实行了300多年，成为重要的选官制度。

小Q：这三个观点太厉害了，董仲舒真是个人才啊。每条建议我都觉得太有用了。

姜sir：所以你理解汉武帝当时的感受了吧，各种赏官职就不说了，董仲舒还在孔子提出的"君君、臣臣、父父、子子"的"正名"说和韩非提出的"臣事君、子事父、妻事夫"的思想基础上，系统地提出了"三纲五常"的社会道德规范，"纲"是做表率的意思。"三纲"意思是君为臣纲，父为子纲，夫为妻纲。"五常"指仁、义、礼、智、信。可以说董仲舒的政治思想成为汉朝统治者以及历代封建王朝巩固中央集权制、维护统治的重要工具。

后来董仲舒年龄大了，回家教书，不当官了，汉武帝还定期派人来问他怎么治国。董仲舒去世了，汉武帝出于对董仲舒的尊重，只要路过董仲舒的墓地就下马步行，下马的地方就被取名"下马陵"。

小Q：好像我们现在脱帽致敬的感觉。

姜sir：但后来传着传着，"下马"就读成了"虾蟆"，就是蛤蟆的意思了，所以很多作品里写的虾蟆陵就是董仲舒的墓。汉武帝按照董仲舒的提议已经办成了大事，可北方的匈奴又要来了。发生了什么？我们下节见。

62 开战吧，匈奴！

各位同学，大家好，我就是那个人见人爱、花见花开、车见车爆胎的姜 sir。

大家好，我就是那个负责问问题的小 Q 同学。

姜 sir：上两节我们一直在说汉武帝要做大事，爸爸爷爷打好了基础，董仲舒的建议也帮助汉朝越来越强。这个时候大事来了，就是北方的匈奴。

小 Q：姜 sir，刘邦在的时候不是已经都商量好了，定期给一些钱，就不打了。

姜 sir：其实从刘邦到汉武帝，匈奴一直没停止过骚扰，只不过能忍也就算了，毕竟汉朝还不想发动大型战争，但汉武帝是要做大事的，这种"我给你钱，你别打我"的政策汉武帝不能忍。这时候，匈奴请求和亲。

小Q：什么叫和亲？

姜sir：就是我把公主嫁给你，咱俩不就相当于亲戚了吗，就不打仗了。几乎每个朝代都用过这个策略，汉武帝当时召开了会议，大臣就分了两拨：一派叫主和派，和平万岁，认为现在还不是打的时候；还有一派就是主战派，打，必须打，匈奴不讲信用的。

小Q：我支持主战派，必须打。

姜sir：主和派问了两个问题：第一，你一定能打赢吗？草原民族，你都找不到他们在哪儿，怎么打？第二，就算你找到了，打赢了，草原归你了，你抢过来干吗？你是种田还是放羊、放牛？国家得用多少钱去管理草原啊？

小Q：好像说得也有道理，打仗还是得多考虑考虑。

姜sir：汉武帝虽然想打，但他不冲动。大臣们大多数不支持，那就和亲，但第二年，有人给汉武帝递交了完整的作战计划，保证能赢，汉武帝又开了一次会。

小Q：这次总能打了吧。

姜sir：主战派把作战计划说完，汉武帝鼓掌叫好："不错不错。"下面大臣一看，这不是摆明了要打吗？投票吧，开战！前期准备得特别充分，敌人马上就要进入埋伏圈了，可匈奴抓了汉朝的一个小官，这人什么都和人家说了，最终因泄密，匈奴撤退了。

小 Q：太可气了，就差这么一点儿。

姜 sir：问题是匈奴知道汉朝要干吗了，汉朝和匈奴之间的大规模作战正式开始。从此，匈奴开始经常骚扰汉朝边境地区，双方小型战争不断。

小 Q：我有点儿小小的激动和紧张。我感觉后面会很精彩，但又怕汉朝输。

姜 sir：接下来，一个个伟大的将军将会出现在我们面前。公元前 129 年，汉军正面出击匈奴取得第一场胜利。这场战争里有大名鼎鼎的卫青。卫青部队斩杀俘虏数百人。两年后，卫青再次获胜，杀敌数千人，缴获 100 多万头牛羊。

小 Q：卫青太厉害了，这么多牛羊，够吃一阵的了。

姜 sir：小 Q，你关注的点为什么总在吃上呢？又三年后，卫青两次进军，共消灭敌人 3.4 万多人。

小 Q：这次抓了多少牛羊？

姜 sir：牛羊不重要了，重要的是汉朝又一个厉害的将军出现了，霍去病率领 800 骑兵杀敌 2028 人。三年后，霍去病又大获全胜，杀敌 3 万多人，同一年又杀敌 3.2 万多人。

小 Q：太激动了，汉朝的将军都太厉害了，我还为汉朝担心呢。

姜 sir：匈奴还有 4 万多人主动投降呢。公元前 119 年，卫青、霍去病联合打响"漠北之战"，力求彻底消灭匈奴主力。

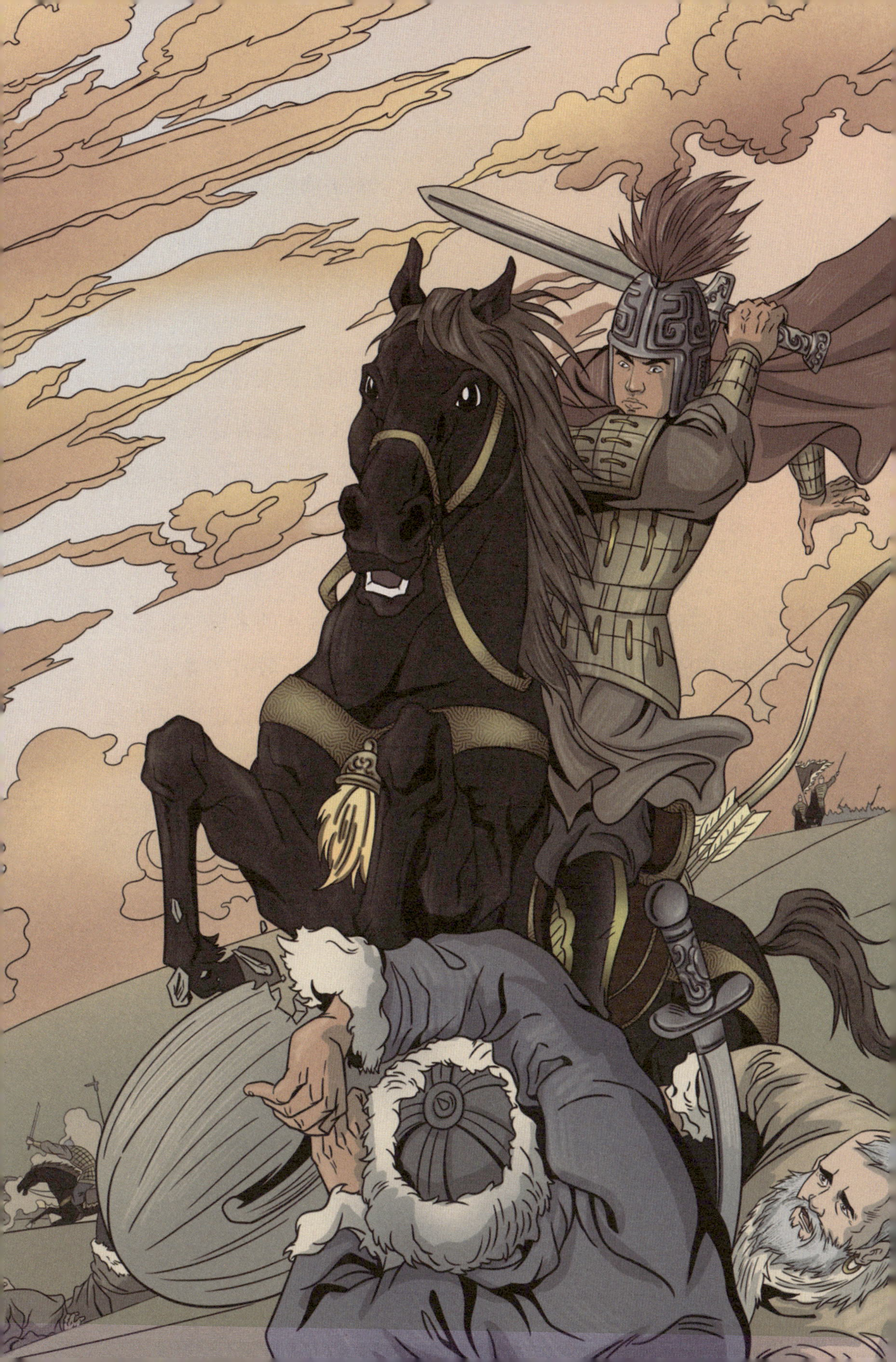

卫青率军连杀带抓敌军 1.9 万多人，霍去病连杀带抓敌军 7 万多人。随后封狼居胥。

小 Q：太刺激了，太激动了！汉朝军队万岁！但是什么叫封狼居胥？

姜 sir：封狼居胥被称为中国将军的最高荣誉，是很多将军的人生梦想，要这么读：封——狼居胥，意思就是我在狼居胥这个地方祭天。狼居胥现在到底在哪儿，还没有准确的说法，但霍去病在敌人的领地祭天，你说霸气不霸气。

小 Q：太帅了，比修长城防御要听着霸气多了。

姜 sir：秦汉时期，北方的匈奴对中原王朝来说一直是个巨大的威胁，于是便有了"乃使蒙恬北筑长城而守藩篱，却匈奴七百余里"。直到霍去病登狼居胥山筑坛祭天已告成功之事。经此一战，"匈奴远遁，而漠南无王庭"，汉武帝彻底结束了 100 多年来不断被匈奴侵略的局面。你说汉武帝是不是办了件大事？

小 Q：这可是天大的事，太对得起他爸爸和爷爷了。卫青和霍去病是不是也得奖励啊？

姜 sir：肯定啊，要赏给霍去病大房子住，可霍去病说了一句名言："匈奴未灭，无以家为！"不要奖励我，敌人还没有完全消灭。

小 Q：我觉得这些将军真的应该是我们的偶像。

姜 sir：每一个将军、每一个士兵为了国家，不怕牺牲、不折不挠，他们的爱国精神值得我们敬佩、学习。在汉武帝打败匈奴的计划里，还有一个人必须被我们后人所记住，没有他，就没有丝绸之路，甚至到现在还影响着我们。他是谁呢？我们下节见。

63　一个人，一条路

各位同学，大家好，我就是那个人见人爱、花见花开、车见车爆胎的姜 sir。

大家好，我就是那个负责问问题的小 Q 同学。

姜 sir：小 Q，你听过丝绸之路吗？

小 Q：我看新闻的时候听过"一带一路"里面提到过丝绸之路，这条路是汉朝的时候修的吗？

姜 sir："一带一路"是"丝绸之路经济带"和"21 世纪海上丝绸之路"的简称。说起丝绸之路，这条路对我们国家至今都有着重要的意义。而在汉武帝时代，竟然是一个人打通的这条路。

小 Q：一个人，不可能吧？

姜 sir：这个人就是张骞，司马迁称赞他"凿空西域"。

意思是开通了中原向西的大道。

小 Q：姜 sir，西域是指哪里？

姜 sir：汉朝时期的西域地区，一般指玉门关向西，到达今天的哈萨克斯坦一带。在汉武帝时代，西域地区大概包括 30～50 多个部落或者国家。

小 Q：那张骞去这里干吗？那时候交通又不方便。

姜 sir：这和汉武帝要打匈奴有关，"我不能自己打，我得联合大家一起帮我打"。汉武帝听说有个叫大月氏的部落和匈奴有仇，但那时候没有电话，也没联系过，连具体地址都不确定，所以决定派张骞去找。

小 Q：我明白了，一定是很难找，张骞各种迷路、打听，才找到，所以大家称赞他是吗？

姜 sir：比这还要难，张骞当时带领 100 多人的队伍，还有个匈奴人负责翻译，毕竟少数民族的语言张骞也不一定听得懂。但没想到刚出发没多久，张骞就被匈奴抓住了。

小 Q：哎呀，这要是知道是去找同伙打匈奴的，张骞就死定了。

姜 sir：匈奴并没有杀张骞，而是劝他投降，因为匈奴想让张骞帮他们，毕竟张骞对汉朝很了解啊。但张骞没有投降，匈奴也没放他走，就这样扣了他 10 年。

小 Q：这么长时间啊，是在监狱里吗？

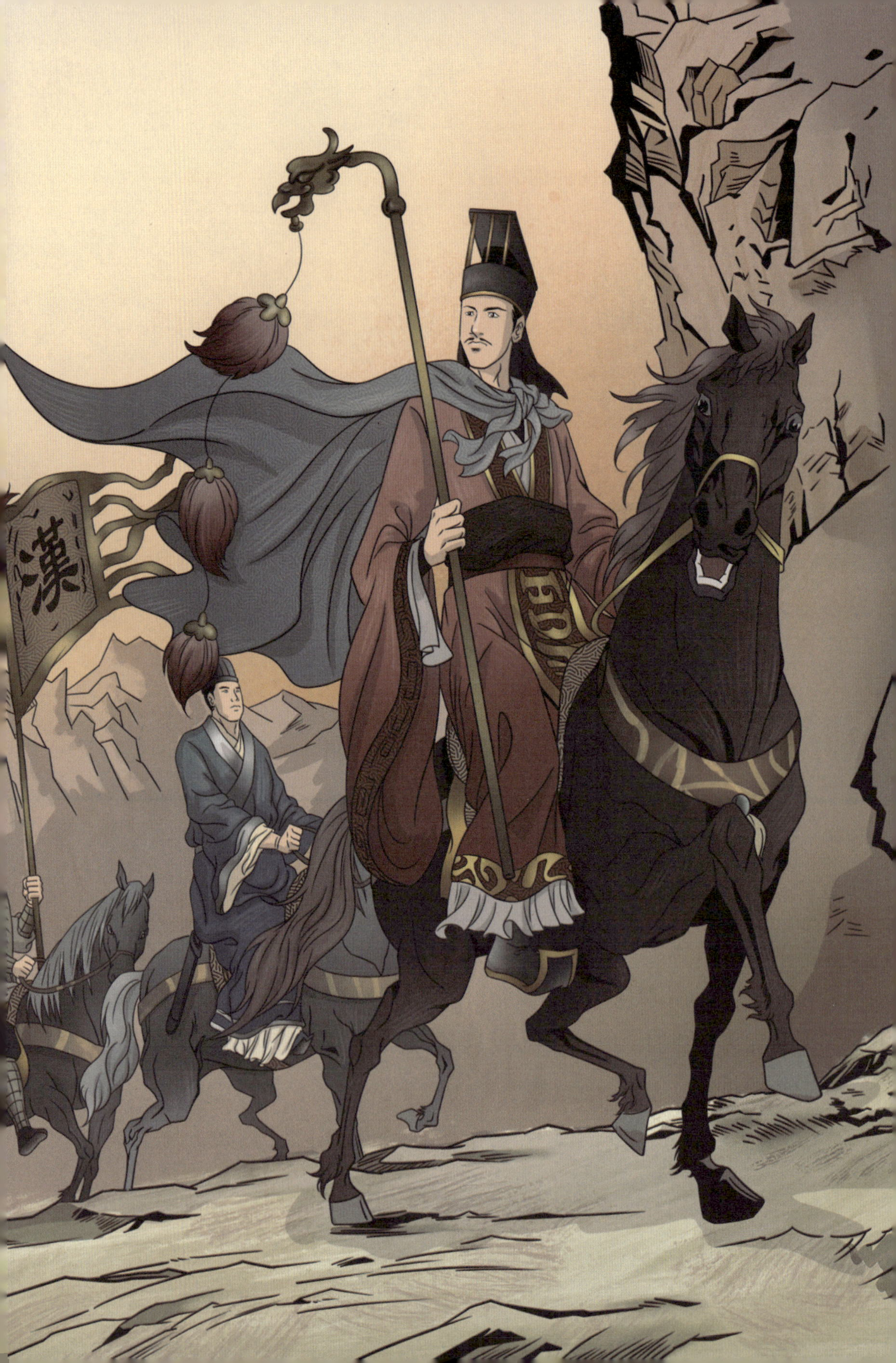
漢

姜 sir：这10年的生活，没有史书记录，只是说张骞娶了妻子，生了孩子。所以我们推断张骞留下来生活了。

小 Q：都有孩子了，看来匈奴对张骞还不错。

姜 sir：有人推断，张骞可能帮助匈奴翻译一些文字，类似于现在的外教教外语一样，所以匈奴对他宽松一点，但张骞的心中一直记得自己是汉朝人，记得自己的任务是什么，后来终于找到机会带领着随从逃走了。但张骞没有马上跑回汉朝，而是继续完成汉武帝交给他的任务。而接下来的路特别凶险，要穿越炎热缺水的戈壁荒漠，还要翻越冰雪覆盖的高山，但张骞从来没有放弃过。

小 Q：我发现历史上的英雄人物都有一种精神，就是为了国家可以舍弃个人。

姜 sir：张骞到了大宛国，国王早就听说过咱们汉朝，但一直联系不上，这下张骞来了，大宛国决定和汉朝交朋友，还把张骞送到了他想找的大月氏。张骞终于完成了汉武帝的使命，可大月氏却不想和匈奴打仗。

小 Q：为什么？那张骞不白来了吗？

姜 sir：因为他们觉得现在的生活挺好的，并且那个时候不像现在通信方便，隔着那么远的距离一起发兵打仗，沟通起来太麻烦了。张骞在大月氏待了一年多，劝人家打仗，也没成功，只能回来了，可回来的时候又被匈奴抓了。

小Q：怎么这么倒霉啊，不会又待10年吧？

姜sir：因为你只要回来，就得从匈奴的地盘穿过，这次就待了一年，匈奴内乱，张骞趁乱和他的翻译逃跑了。终于回到了汉朝，张骞从身上拿出了一样东西，汉武帝和大臣看到，当场就流下了眼泪。

小Q：什么东西？

姜sir：这个东西叫符节，就是张骞作为汉朝大使的身份，类似于皇帝特别颁发的工作出行证。13年了，什么都可以丢，唯独符节不能丢，那是张骞汉朝人的身份象征。所以后代就有了一些词，比如"气节、节操"，都是称赞一个人的品质。

小Q：13年不忘自己的身份，太厉害了，但任务没完成啊，汉武帝会批评他吗？

姜sir：最初定的任务虽然没完成，但张骞把他去过的地方都画成了地图，同时把各地的气候、特产、人口、城市、语言都详细地记录下来。

小Q：我觉得这个更重要。

姜sir：这就叫失之东隅（yú），收之桑榆，意思是这一方面失败了，最后在另一方面取得了胜利。从此，汉朝也开始和各个少数民族地区的部落、国家成为伙伴。公元前119年，汉武帝让张骞带300多名随员，携带价值数千万的金银珠宝、几万头牛羊，第二次出使西域。

小 Q：这么多的东西，不怕被匈奴抢走吗？

姜 sir：这时候的匈奴已经被英勇善战的卫青、霍去病将军打跑了，一路安全。这次的主要目的就是去交朋友的，同时扩大汉朝的影响力。这次的交流活动彻底打开了丝绸之路，在这条路上，我们的很多物品都送往了西域，最具代表性的就是丝绸，所以，这条路被称作"丝绸之路"。那丝绸之路的开通，对汉朝有什么影响呢？我们下节见。

64　丝绸之路带来了什么？

各位同学，大家好，我就是那个人见人爱、花见花开、车见车爆胎的姜 sir。

大家好，我就是那个负责问问题的小 Q 同学。

姜 sir：上节我们讲到张骞一个人打开了通往西域的道路，也就是丝绸之路，这条路对于整个汉朝以及未来的中国都特别重要。小 Q，你觉得这条路的作用是什么呢？

小 Q：我觉得我们可以互相买卖东西了。

姜 sir：古时候不像现在网络购物这么方便，丝绸之路打开后，很多东西我们中国人也是第一次见，并且对后来的中国也产生了影响。小 Q，你们家吃饭是一人一张桌子，还是大家围坐在一起吃？

小 Q：当然坐在一起吃了，这代表了团团圆圆。

姜sir：但最早的时候不是这样的，是分开吃的，比如鸿门宴上，如果大家坐在一张桌上，那项庄舞剑，可就容易误伤大家了。

小Q：对，就是因为分开坐，他才可以只在刘邦面前舞剑。

姜sir：日本有个学者在研究中国美食的时候，说"古代的中国，实行每人一份的分餐制；食案排列，如同席地便餐那样，人们是坐在席垫上进食的。这种饮食方式被朝鲜半岛和日本继承了"。

小Q：原来日本是受我们的影响啊，他们吃饭不是跪着吗？

姜sir：我们古代的"坐"和现在的"坐"不一样，更像是今天的"跪"。地上铺一张席子，每人面前有一张比膝盖高一点的小桌，叫食案。一人一张食案，案上放饭菜与酒，都是一人一份，各吃各的。而这种饮食习惯的改变就和丝绸之路有关。

小Q：是不是传来了什么好吃的，分量很少，不能一人一份，于是就围在一起吃？

姜sir：其实和"胡床"通过丝绸之路传入中国有关。

小Q：姜sir，你跑题了，我们在聊吃饭的事，和床有什么关系？

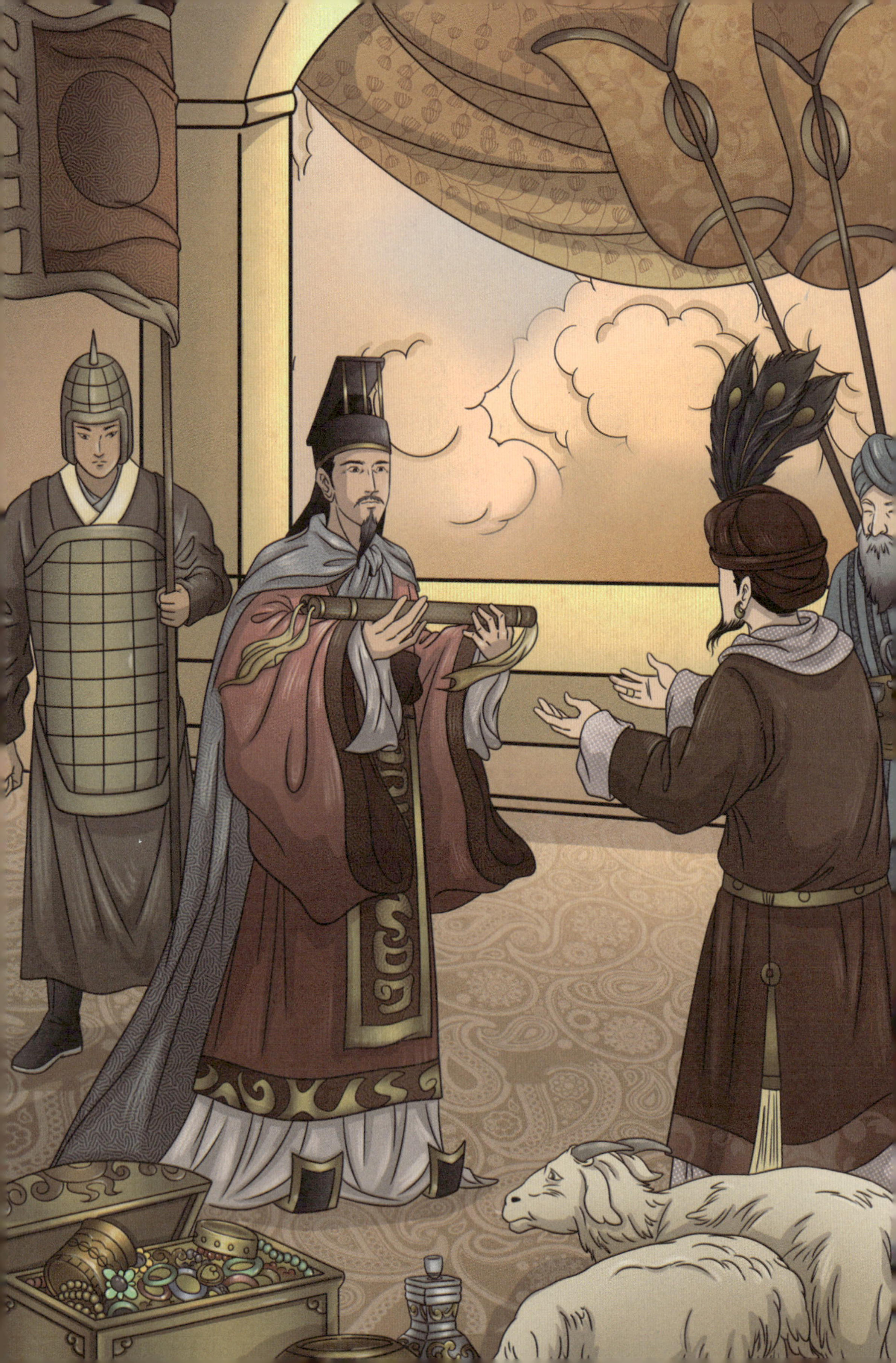

姜 sir：胡床可不是睡觉用的床，而是类似折叠椅，用来坐的。少数民族经常骑马四处走，这种可以折叠的胡床方便携带，坐椅子上可比原来跪着的姿势舒服多了，进入中国后受到贵族的欢迎。那现在有了椅子，还能用原来的那个比膝盖高一点儿的小桌子吗？

小 Q：当然不能了，每次吃饭都得弯腰，多难受啊。

姜 sir：所以桌子就会变大一些，和椅子配套。那现在桌椅都变大了，一个屋子继续分餐吃，一人一套桌椅，地方还够吗？

小 Q：我明白了，慢慢地，就采取多人共用一张桌子的进餐方式了。

姜 sir：本来大家就喜欢聚会时热热闹闹的氛围，所以这种方式就流行起来了。但习惯也不是一下子就能改变的，很长一段时间内，还是使用自己的餐具，想吃什么，身边的仆人或者厨师会给你送到餐具里，只不过改成了大家坐在一张桌子上，和我们现在自己去夹菜还是不一样的。直到宋朝，合餐制才确定下来。

小 Q：看来通过丝绸之路带来的胡床真的对我们影响很大啊。姜 sir，你最懂我了，你知道我最想知道丝绸之路还带给我们什么了。

姜 sir：好吃的对吧？胡荽(suī)就是张骞从西域带回来的，

你吃过吗？

小Q：没吃过，听都没听过。

姜sir：胡荽的另一个名字就是香菜，香菜在当时是吃牛羊肉的主要调料。

小Q：有没有听了流口水的那种食物？

姜sir：胡桃你吃过吗？

小Q：先等等，为啥都带个"胡"字？

姜sir："胡"在当时代表少数民族，在《汉书·匈奴传》中有这样的描写："南有大汉，北有强胡。胡者，天之骄子也。"所以很多带"胡"字的食物都和少数民族有关，比如胡萝卜、胡椒、胡桃、胡瓜。

小Q：胡桃就是现在吃的桃子吗？

姜sir：胡桃其实就是核桃，胡瓜就是黄瓜，胡豆就是蚕豆，胡蒜就是大蒜，这些都是张骞打通丝绸之路后，传入中国的。还有一种水果，张骞第一次回到汉朝时向大家描述说它吃起来酸甜爽口，外形像是把玉石串联到了一起，当时人们就想这是什么呢——张骞第二次出使西域就把它带回来了。你猜是什么？

小Q：葡萄。我最爱吃了。

姜sir：当时葡萄很贵的，因为不会种，产量也不多，到了唐朝，有一次皇帝请大臣吃饭，宰相陈叔达见席上有葡萄，便用细纱包起来。皇帝看到后觉得奇怪，就问陈叔达原因。陈叔达说他的母亲生病了，想吃葡萄却吃不到，所以想拿回去给他母亲吃。

小Q：唐朝的宰相还吃不到呢，看来葡萄当时真的很少。

姜sir：这就是丝绸之路的作用，促进了中国和世界的融合，所以后人称赞张骞是世界历史开幕第一人。

小Q：这条路太重要了，最起码让我吃到了好多好吃的。

姜sir：你就知道吃，这条路拉近了汉朝和很多少数民族的关系，但没想到我们的大臣还在这条路上被抓了。到底发生了什么事呢？我们下节见。

65 苏武为什么放羊?

各位同学,大家好,我就是那个人见人爱、花见花开、车见车爆胎的姜 sir。

大家好,我就是那个负责问问题的小 Q 同学。

姜 sir:汉武帝时期,匈奴被打得已经失去了大规模进攻汉朝的能力,于是派了使者求和,原来被抓的汉朝的官员也都给送了回来。

小 Q:汉武帝会同意吗?应该彻底消灭他们啊。

姜 sir:汉朝虽然有强大的国力做支撑,但要完全消灭一个游牧民族还是很困难的。并且已经打了很多年,汉朝也得休息一下,汉武帝也就同意了,而且人家都把被抓的官员送回来了,汉朝也得表示一下啊。

小 Q:那就把他们的官员也送回去,反正留着还得管饭。

姜 sir：小 Q 真是时时刻刻想着吃。于是汉武帝派苏武代表汉朝出使匈奴，匈奴的首领也给汉武帝写了信，苏武任务完成，准备回家。

小 Q：比张骞幸福多了，顺顺利利的，估计在匈奴这儿吃的也挺好。

姜 sir：正准备走呢，出事了，这一待就是 19 年。

小 Q：啥？比张骞待的时间还长！发生了什么？

姜 sir：汉朝原来有个叛徒叫卫律，卫律有个手下叫虞常，这个虞常想和苏武回汉朝，他又认识苏武的手下，就商量："我直接回汉朝，皇帝肯定饶不了我啊，我得送汉朝点儿礼物，把卫律这个叛徒杀了，然后把匈奴首领的妈妈也绑架了，带到汉朝去。"小 Q，你觉得这事能成功吗？

小 Q：我觉得悬，哪有那么容易。

姜 sir：事情最终失败了，匈奴开始调查谁参与了这件事，苏武的手下害怕极了，就告诉苏武事情的真相，苏武一听："你们这群人，可把我害了。"

小 Q：苏武又没参与，和他有什么关系呢？

姜 sir：苏武代表的是汉朝，匈奴肯定怀疑是汉朝故意派苏武来抓人的。果然，匈奴那边查出了苏武的手下参与了这件事，要杀苏武，但被大臣制止了，毕竟苏武是汉朝派来的，不能随便杀。于是他们决定审一审苏武，如果是清白无辜的，

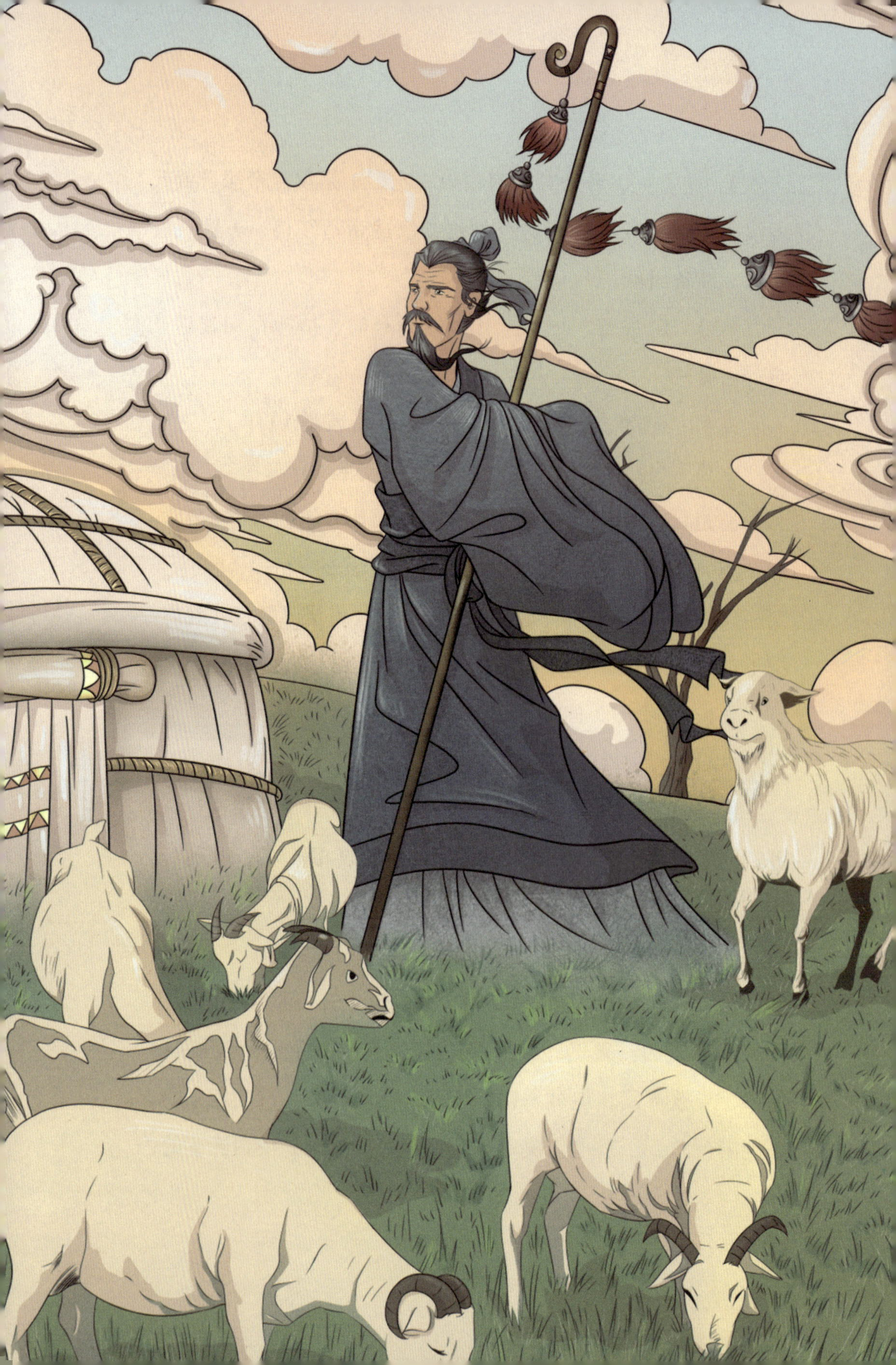

就放了他。

小Q：就是，一查就知道了啊。

姜sir：可在苏武的心里，我是汉朝的使者，我代表的是汉朝，是国家。审我，就是审我的祖国，死都不行。匈奴首领觉得苏武是个人才，特别佩服，便想让苏武投降。但你觉得苏武会投降吗？

小Q：从苏武的表现来看，不可能投降。

姜sir：于是匈奴首领派卫律去劝苏武，卫律先是吓唬苏武："你的手下谋杀匈奴大臣，也就是我，有罪，本应该被杀，但他已经投降了。你也有罪，你是不是也投降啊？"苏武看了他一眼："我有什么罪，你不用吓唬我。投降？别做梦了。"卫律一看，吓唬没管用，就开始说好话："你看咱俩也都算是汉朝的，我现在在匈奴这边工作，福利待遇特别好，牛羊成群，荣华富贵，你要不也和我一样投降得了，人就这一条命，何必浪费了呢。"小Q，你会投降吗？

小Q：我会吐他一脸口水，在这种事情面前，我不能给我的祖国丢人。

姜sir：苏武直接就说了："你也好意思提自己是汉朝的，你就是个叛徒，我告诉你，当年南越国杀了汉朝使者，最后被汉朝消灭；宛王杀汉朝使者，他的人头被汉朝军队砍下来了；朝鲜杀汉朝使者，立即就被灭国了。杀我，你们试试，匈奴会被我汉朝的军队彻底消灭。"

小Q：这个气势太强大了，背后有个强大的祖国当靠山，太棒了。

姜sir：所以匈奴没敢杀苏武，就用了各种方式折磨他，比如不给苏武吃喝，下雪天让苏武住在雪地里，但苏武都坚持下来了。匈奴一看，苏武不是普通人，就想了个坏主意，说："苏武，你去放羊吧，只要你放的羊生出小羊，你就可以回国了。"

小Q：这不是很简单的事吗，不就是相当于要放苏武走吗？

姜sir：给苏武的羊都是公羊，没有母羊，怎么可能生小羊。

小Q：那苏武最后怎么回去的呢？公羊不可能生小羊啊。

姜sir：苏武就这样过起了牧羊人的生活，虽然生活很贫穷，但和张骞一样，汉朝的符节从未丢失过。不久后，因为汉朝和匈奴关系再次恶化，汉朝和匈奴又要开战了。汉武帝任命李广利为主将，李广利率3万骑兵，先胜后败。同一年，李陵率步兵5000人攻打匈奴，与匈奴骑兵苦战数天，全军覆没，李陵投降。而李陵的投降产生了很大的影响，甚至一本著名的历史书都和这次投降有关，是什么影响呢？我们下节见。

66 谁敢替李陵说话

各位同学，大家好，我就是那个人见人爱、花见花开、车见车爆胎的姜sir。

大家好，我就是那个负责问问题的小Q同学。

姜sir：上节我们说到汉朝和匈奴的战争没有结束，汉武帝派李广利带兵3万攻打匈奴，打了大败仗，损兵2万多，李广利逃了回来。

小Q：卫青和霍去病，还有李广这些将军呢？

姜sir：和匈奴的战争从开始到现在已经30年了。这些将军都去世了。

小Q：那李广利厉害吗？

姜sir：他是汉武帝特别喜爱的妃子李夫人的哥哥。很多人都认为李广利很弱，但其实他会打仗，当时大宛国就是他打下来的，那次远征，实际路程一万多里。这么远的路途，能够做到不迷路，中途没人掉队，同时还能把部队完整地带回来，就已经算得上好将军了，当然，他肯定没有霍去病那么厉害。其实这次打败仗，汉武帝没有责罚李广利，除了关系户以外，是因为其他出击匈奴的将军也战况不佳，李广利相比其他将军还消灭了很多敌人，尤其是还发生了李陵叛变事件。

小Q：李陵是谁？怎么能叛变呢？

姜sir：李陵是汉代名将李广的孙子，文武双全，李陵胆子特别大，根据《汉书》记载，他曾经深入匈奴地盘两千里，把匈奴的地形记得清清楚楚，安全返回。

小Q：进入敌人地盘那么远，也不怕被抓，胆子太大了。

姜sir：胆子大是优点也是缺点，当时汉武帝让李陵做后勤补给官，就是不负责冲锋，在后方运送粮食、武器等物品。李陵心里不愿意："我所率领的士兵都是勇士，请您相信我，我虽然士兵不多，但我可以分散匈奴的注意力。"汉武帝说："可这次我调动的军队太多，没有那么多马了。"李陵就说："我用不着马，5000步兵就够了。"

小Q：匈奴基本都是骑马的，李陵这点儿兵力要是碰上骑兵就完了。

姜sir：你还真说对了，李陵被匈奴的3万骑兵包围。但李陵的士兵是真厉害，5000步兵竟然把这3万骑兵打退了，赢了。

小Q： 这么厉害？

姜sir： 匈奴接下来调了8万骑兵来围攻李陵，李陵率军队边打边撤，士兵大多都受伤了，但依然战斗着，消灭匈奴3000余人。汉朝军队后退到树林之中，又消灭匈奴数千人。但匈奴人数多，不停地进攻，可汉军又消灭匈奴2000多人。匈奴一看，太难打了，决定撤兵。

小Q： 5000打8万，这就要打赢了，李陵太厉害了。

姜sir： 这时候军中出了叛徒，找到匈奴说："李陵没有援军，武器都快没了，士兵损失惨重。"匈奴知道真相后，决定不撤了，又回来重新攻打李陵。

小Q： 叛徒太可气了。

姜sir： 更可气的是，当时李陵距离撤回汉朝境内只有100多里地了，但就剩几百人了，最后李陵选择向匈奴投降。其他士兵分散突围，逃回来的有400余人。小Q，你觉得汉武帝知道李陵投降了，会做什么呢？

小Q： 肯定很生气，但也和汉武帝有关系啊，你如果派兵去帮李陵，他也不会投降。

姜sir： 这个时候，大臣们一个个开始说李陵的不好：贪生怕死，打了败仗还投降，皇帝必须得重重地惩罚他的家人。

可就在这个时候，有一个大臣站了出来，他这一站，接下来的人生就转变了——他就是中国历史上伟大的史学家、思想家、文学家，他写的书影响了中国一代又一代，他就是司马迁。

小Q：就是写《史记》的司马迁啊。他当时说什么了？

姜sir：我们认真听一下司马迁说了什么，竟然让汉武帝生气了。司马迁说："李陵对待母亲很孝顺，对士兵讲信义，经常不怕死冲在前面。今天他一次战败，那些大臣就唯恐和他们有关系，抓着李陵的这一个失败事情没完没了，而李陵其他优点都不提，实在令人痛心！况且，李陵士兵不满五千，杀敌数万人。他转战千里，战士们没有武器了，顶着敌人的弓箭仍拼死搏斗奋勇杀敌，士兵能这样以死效命，就是古代的名将也不过如此。他虽然战败了，但他的战绩也足以传扬天下。他之所以不死而投降，可能是想立功赎罪，重新报效朝廷。"

小Q：我觉得司马迁说得很对，但这个时候替投降的将军求情，时机选得不对。

姜sir：汉武帝认为司马迁这么表扬李陵的战功，是想批评李广利没有去救，于是把司马迁关进了监狱里，让司马迁受尽了折磨。

小Q：什么？这样太过分了吧？

姜sir：后来汉武帝也有点儿后悔了，觉得可能误会李陵

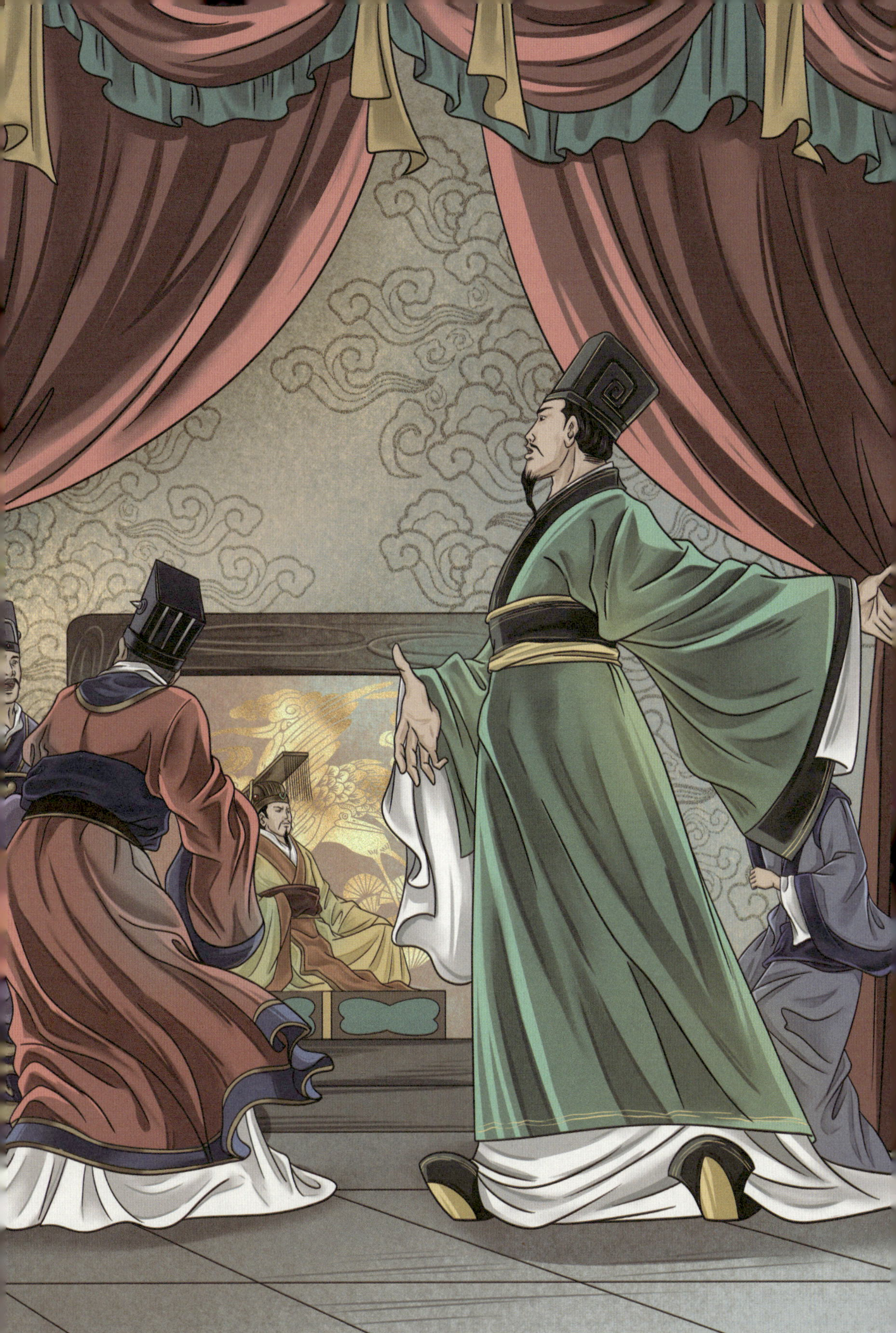

了，就派人去接李陵，可派去的人没有见到李陵，回来后竟然和汉武帝说，李陵在替匈奴训练军队。汉武帝一怒之下杀了李陵全家。

小Q：李陵真的有这么做吗？

姜 sir：其实替匈奴训练军队的是汉朝另一个投降的将军，叫李绪，并不是李陵。过了很多年，汉朝也换了皇帝，想让李陵回来，但李陵拒绝了，而李陵应不应该投降也成为历史上人们一直在讨论的话题。为李陵说话的司马迁接下来会发生什么呢？我们下节见。

67 生命的意义

各位同学，大家好，我就是那个人见人爱、花见花开、车见车爆胎的姜 sir。

大家好，我就是那个负责问问题的小 Q 同学。

姜 sir：李陵投降这件事，千百年间，人们讨论的焦点就在于，当时的情况下李陵到底该不该投降。站在汉武帝的角度，你可以战死，但不能投降，要不然以后其他将军都去模仿，都觉得投降后有退路，士兵还怎么奋勇杀敌呢！

小 Q：当时那么多大臣，为什么司马迁偏偏要替李陵说话呢？是他们两个关系好吗？

姜 sir：司马迁解释过："我和李陵同在朝中当官，但我们往来不多，从来没有在一起吃过饭、喝过酒，交情很一般。我只是觉得李陵是个人才，觉得他肯定想找机会回来。"可我们需要思考的问题是，那么多大臣都不这么认为，为什么只有司马迁这么想呢？

小Q：这怎么可能知道呢，又没有人能钻进司马迁的心里。

姜sir：司马迁留给我们一本书叫《史记》，通过这本书里的一些内容，我们就能知道司马迁是一个什么样的人，然后去推断他是怎么想的。司马迁在《史记》里形容自己是一个不喜欢被限制的人，很喜欢自由。并且《史记》里面被司马迁称赞的人物很多都是这种性格，比如西楚霸王项羽、刺秦王的荆轲，当我们提到这两个人最后死的时刻，很少会有人想到"应该的,终于死了"，而是会觉得挺壮烈的，是个英雄。

小Q：是的是的，项羽壮烈赴死，让我都流眼泪了，尤其是读了《垓下歌》之后。

姜sir：《史记》里有一个成语叫"荡然肆志"，意思就是无拘无束，自由自在。司马迁认为人应该主动掌握自己的命运，而李陵就拥有司马迁赞赏的这种性格。

小Q：我懂了，司马迁很欣赏李陵，他觉得这种英雄不会投降的，一定有特殊原因。但投降这事，无论怎么解释，就是不对的啊。

姜sir：投降这个行为，无论怎么解释都是错的，司马迁作为一个历史学家，他是懂的，只不过司马迁同情李陵，他觉得李陵肯定也想过死，但生命毕竟只有一次，结束就结束了，所以司马迁就替他说话了。

小Q：我有点儿理解了，比如有一个同学犯错了，偷吃了东西，老师正在批评教育他，然后我猜这个同学可能是饿了才偷吃东西的，于是站出来替这个同学辩解。

姜sir：所以说司马迁多多少少得看看汉武帝脸色吧，等汉武帝消气了，再慢慢说。毕竟在皇帝身边当大臣，得讲究点儿方法。

小Q：就是，妈妈心情不好的时候我都注意尽量不调皮。

姜sir：其实当时司马迁没想说，话到嘴边，憋回去了，汉武帝看他好像要说，就问了司马迁。这就要说到司马迁是什么官，他是负责写历史的史官，是负责整理历史书籍的，很少参与这种国家大事的讨论，司马迁也没经验，心里想：你让我说，我就说呗。

小Q：那我觉得汉武帝骂司马迁几句就得了，还把他关到监狱里折磨他，太严重了吧。

姜sir：汉武帝认为司马迁在间接地批评他，你在说我给李陵的兵太少，又不派援军去帮他，那你进监狱待着吧。司马迁入狱后，在狱中受尽了折磨，甚至是宫刑。这时候，司马迁就思考：人活着的意义是什么呢？

小Q：司马迁不会自杀吧？

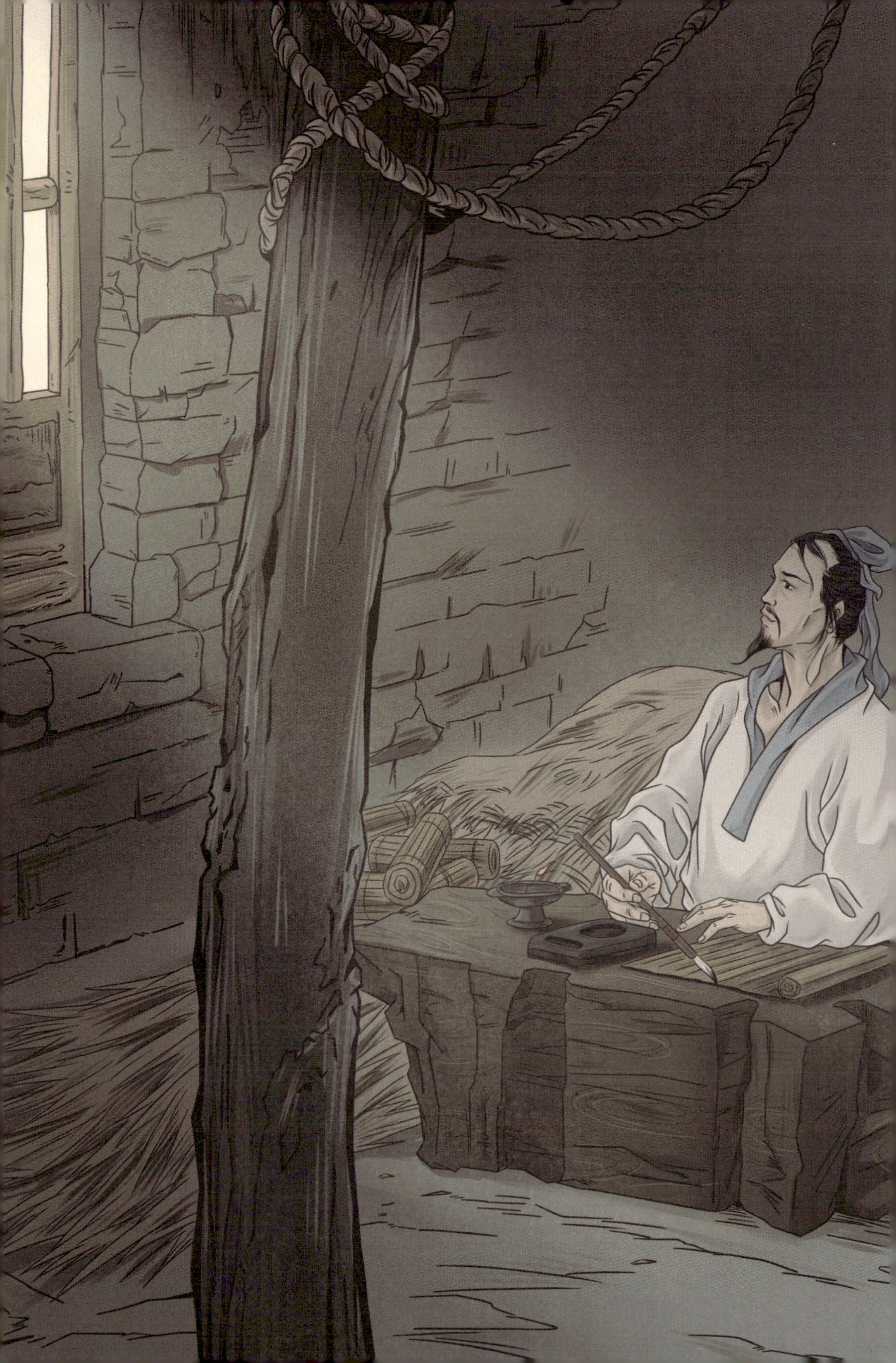

姜sir：他想明白了，我还有很重要的事情没做呢，不能死，我得活着。于是司马迁在写给友人任安的回信《报任安书》里写下了"人固有一死，或重于泰山，或轻于鸿毛"的名句。

小Q：第一句我听懂了，人一定会死，但后面和泰山、鸿毛又有什么关系？还有，鸿毛是什么？

姜sir：鸿毛就是鸿雁的毛。

小Q：鸿雁又是什么呢？

姜sir：鸿雁就是大雁的一种。哎呀，司马迁不是和你聊动物的事，而是在说生命的意义。把人的价值比作了泰山，比作了鸿毛。

小Q：是不是说，人活着，就要去做一些有意义的事情？

姜sir：嗯。在这封信中，司马迁表明了自己的内心，提到了自己受了宫刑后的屈辱，还举了一些例子：孔子因为卫灵公与宦官雍渠同坐一辆车子而感到羞耻；赵良因为商鞅靠了宦官景监的推荐而被秦孝公召见心里不满；袁盎因为宦官赵同子陪坐在汉文帝的车上而为之色变。这些大名鼎鼎的人物都因为宦官的身份而视他们为耻辱，更何况普通人呢？而自己已经成了一个受过宫刑的人了。

小Q：唉，太惨了。

姜sir：司马迁将心中愤恨的情绪都写了出来："嗟乎！

嗟乎！如仆,尚何言哉！尚何言哉！"唉！唉！像我这样的人,尚且说什么呢？尚且说什么呢？然后司马迁解释了自己为李陵辩护完全是出于一片公心。司马迁遭受了这样的屈辱,还能隐忍地活着,因为"所以隐忍苟活,幽于粪土之中而不辞者,恨私心有所不尽,鄙陋没世而文采不表于后也"。意思是我之所以含垢忍辱,苟且偷生,情愿被囚禁在牢狱之中,是因为我的心愿尚未完全实现,耻于默默无闻而死,而文采不能显露给后世的人们。接下来,司马迁就要写一本流传千古的史书了。这本书为什么那么出名呢？我们下节见。

68 历史书里的第一名

各位同学,大家好,我就是那个人见人爱、花见花开、车见车爆胎的姜 sir。

大家好,我就是那个负责问问题的小 Q 同学。

姜 sir:这节我们接着来说司马迁,他在《报任安书》里写道:

> 盖文王拘而演《周易》;仲尼厄而作《春秋》;屈原放逐,乃赋《离骚》;左丘失明,厥有《国语》;孙子膑脚,《兵法》修列;不韦迁蜀,世传《吕览》;韩非囚秦,《说难》《孤愤》;《诗》三百篇,大底圣贤发愤之所为作也。

司马迁如数家珍般列举出许多古圣先贤的动人故事和殊勋业绩，尤其是他们身处逆境磨难之中不忘著书立说的壮举。

小Q：这就是榜样的力量啊。

姜sir：所以司马迁要"亦欲以究天人之际，通古今之变，成一家之言"。这就是宣言，即便是让他千次万次地被侮辱，他也不会后悔！只要有朝一日让《史记》传给世人，如此便足矣。

小Q：他是在监狱里面决定要写历史书的吗？

姜sir：司马迁的爸爸是太史令，专门负责写历史，他爸爸早年就有个愿望，要写出一部优秀的史书，自己也收集了大量资料，只是不幸得重病去世了。临死的时候，他拉着司马迁的手，说："儿子啊，一定要把这本书完成啊。"

小Q：我其实有一个问题，《史记》这本书从古至今都在夸它，它的优点是什么呢？

姜sir：第一个特点就是创新，司马迁写历史就好像盖房子，每一个历史事件就是一块砖，怎么盖？按照原来的方式盖？不，司马迁要盖就盖个大家都没见过的房子，做一次彻底的创新。原来盖房子是两种形式：编年体和国别体。

小Q：这俩房子有什么区别吗？

姜sir：我们一起走进编年体的房子，里面的每个房间上面都写着数字，公元前378年、公元前379年、公元前380年……你想了解哪一年的事，推开门进去就行。

小Q：那国别体肯定是每个房间上面写着国家的名字对不对？

姜sir：对。这两座房子就是历史的写法。小Q，你觉得这两种房子有没有什么缺点？

小Q：我觉得会很累，比如我特别喜欢秦始皇，我这得走多少个房间啊，并且每间屋子那么多资料，我要在里面寻找和秦始皇有关的内容，太麻烦了。

姜sir：这两座房子并不是不好，只不过一件重大的历史事件往往历经很多年，比如汉武帝和匈奴打了44年，你就要走进44间屋子才能把来龙去脉查清楚。一个人的一生得几十年吧，秦始皇活了49年，你就得走49间屋子，同时很多战争都会牵扯多个诸侯国。

小Q：你赶紧说说《史记》的房子是怎么盖的吧。

姜sir：《史记》最初没有固定书名，称《太史公书》《太史公记》，也简称《太史公》。据考证，最早称司马迁这部历史学著作为《史记》的，是东汉桓（huán）帝时写的《东海庙碑》。从三国开始，《史记》由通称逐渐成为《太史公书》的专名。

当你走进《史记》这座房子，首先在大厅里会有十张表，

史记欢迎你

就是整座房子的导航查询系统，把这房子里的人和事都连在了一起，人与人之间什么关系、事件与事件之间什么联系都标注清晰，方便你接下来参观整座房子。

小Q：这太厉害了，我想了解什么都可以很快找到那间屋子。

姜sir：接下来，一楼名字叫作本纪，只有12间屋子，这一层按照朝代先后，里面都是帝王的事情，比如刘邦就在这层。

小Q：也就是说，我特别想研究皇帝们的事，就在这层就够了。但想了解姜子牙、齐桓公这些诸侯怎么办呢？

姜sir：欢迎来到二楼，这层叫世家，这一层有30间屋子，写的是各个诸侯国的事情，比如越王勾践就在这层。

小Q：那我猜接下来三楼一定有单独的名字，是不是那些重要的大臣、将军？

姜sir：欢迎来到三楼，这层叫列传，一共70间屋子，每一间屋子的门上都写着人名。比如屈原就在这层，而在这一层，有一间屋子还写着"刺客"两个字。

小Q：天啊，我感觉《史记》这座房子，我走进去，都看不过来了，太吸引人了，应该没有四层了吧？

姜sir：不仅有四楼，还有五楼呢！四楼是表，用表格列出世系、人物和史事。而五楼则收藏了古代的天文、地理、法律、音乐等内容。这几层就叫十二本纪，记帝王朝政兴衰；三十世家，叙开国承家诸侯；七十列传，志历代人物事迹；十表，列人事系年表谱；八书，综述典章制度。你说这座房子好不好？

小Q：给我准备一个月的粮食，我不想出来了，我感觉这房子什么内容都有，太吸引人了！

姜sir：所以，后世的所有国家级别的史书都按照这种模式盖房子，这种方式被称为纪传体。

小Q：姜sir，为啥我感觉这房子会比别的历史房子高呢？

姜sir：《史记》是通史，从古至今都在这房子里，其他的历史叫断代史，只是记录了某一段时期。比如《汉书》就是我国第一部纪传体断代史。而《史记》则记叙了自黄帝到汉武帝末年约三千年的历史，规模宏大。

小Q：我有个小问题，司马迁一个人盖这么大的房子，会不会偷工减料啊？比如一些历史事件是自己编出来的呢？

姜sir：这座房子的质量检测报告上写着——实录精神，比如刘邦的一些缺点，孔子的外貌长相，是什么就是什么，绝不会因为司马迁的个人喜好而瞎写，同时没办法给出准确说法的也保留了不同的资料，让后人自己判断。在《史记》的记述中，一些历史名人都抹去了神圣包装的光环，还之以普通人的本来面目。这种"不虚美、不隐恶"的史家传统是难能可贵的。

小Q：这书实在是太吸引我了，司马迁人生的意义真的是重于泰山啊！

姜sir：这就是被称为我国第一部"正史"，被列为"二十四史"之首的《史记》，在史学、文学上取得了极高的成就，被鲁迅称为"史家之绝唱，无韵之离骚"。可这本书差点儿就没传下来，为什么呢？汉朝又发生了什么事情？我们下节见。

69 再见，匈奴

各位同学，大家好，我就是那个人见人爱、花见花开、车见车爆胎的姜 sir。

大家好，我就是那个负责问问题的小 Q 同学。

姜 sir：上节我们说到司马迁的《史记》，但司马迁写完后没有把这本书交给国家，而是让自己的孩子藏了起来。

小 Q：为什么？这么经典的作品应该让大家都看到。

姜 sir：《史记》毕竟是真实地记录历史，难免写一些汉朝皇帝的缺点。尤其是汉武帝，万一被他毁掉怎么办，所以司马迁在临死前，将《史记》交给了自己的女儿司马英，让她好生保管，以防汉武帝毁了《史记》。

司马英的儿子叫杨恽（yùn）。杨恽逐渐长大，司马英发现这个孩子很聪明，所以就把《史记》偷偷拿出来给杨恽读，杨恽发现《史记》写得太好了，每次读完一篇都会感动得热泪盈眶。后来杨恽把《史记》呈现给汉宣帝，汉宣帝觉得不错，自此《史记》就公之于世了。

小Q： 当时汉武帝去世了吗？

姜sir： 想当年汉武帝做了那么多大事，可是和匈奴已经打了四十几年了，最近的几次都失败了，国家也打不动了，当年汉文帝、汉景帝留下的基础也快打没了。老百姓过得越来越不好，已经有人开始要造反了。

小Q： 这得赶紧制止啊，否则国家就出大事了。

姜sir： 这个时候，汉武帝做了一件没有任何帝王做过的事，就是主动承认自己错了，并写下了历史上第一份内容丰富、保存完整的帝王批评自己的"罪己诏"——《轮台罪己诏》。

小Q： 皇帝能主动承认自己错了，会改正，这件事说起来容易，就是普通人都不一定能做到。

姜sir： 两年后，汉武帝去世了，享年70岁。汉武帝的一生，总体来说，后人对他的评分还是特别高的，尤其是他最后能主动承认错误，及时改变国家的方向，让汉朝没有陷入混乱。小Q，你觉得汉朝接下来的重点应该是什么？

小Q： 休息，恢复国力，毕竟和匈奴打了太长时间了。

姜sir： 随后，汉朝又历经三位皇帝，经济繁荣、社会和谐、边境安定，而这个时候苏武也要回来了。

小Q：天啊，我都快忘了，苏武还在匈奴那儿放羊呢。

姜sir：当时匈奴和汉朝也不打仗了，汉朝想接回苏武，可对方欺骗汉朝说苏武死了，但汉朝使者打听到苏武还在，就和匈奴说："骗人，我们皇帝收到过苏武写的信。信上写着他在你们这儿放羊。"

小Q：这个理由人家能信吗？苏武在那么偏的地方，哪有送信的人。

姜sir：没有送信的人，但有动物可以送信，有一个成语叫"鸿雁传书"。

小Q：是不是重于泰山，轻于鸿毛的鸿雁？

姜sir：相传苏武把信绑在了大雁腿上，大雁不停地往汉朝飞，抓着一只就绑一只，不知道绑了多少只，最终有一只被皇帝打猎的时候射下来了，所以后人就用鸿雁借指书信。

小Q：这下苏武终于能回家了。

姜sir：19年啊，苏武终于回来了，临走的时候，李陵来送苏武。

小Q：我有点儿晕，这几个人物就这么联系起来了，李陵是投降的，苏武是被抓的，他俩还见面了？

姜sir：李陵当时和苏武说："今天你回去了，匈奴人佩服你，汉朝人敬佩你。你会千古留名啊！我李陵无能、胆小，犯下了投降的大错，假如当时汉武帝能原谅我的罪过，不杀

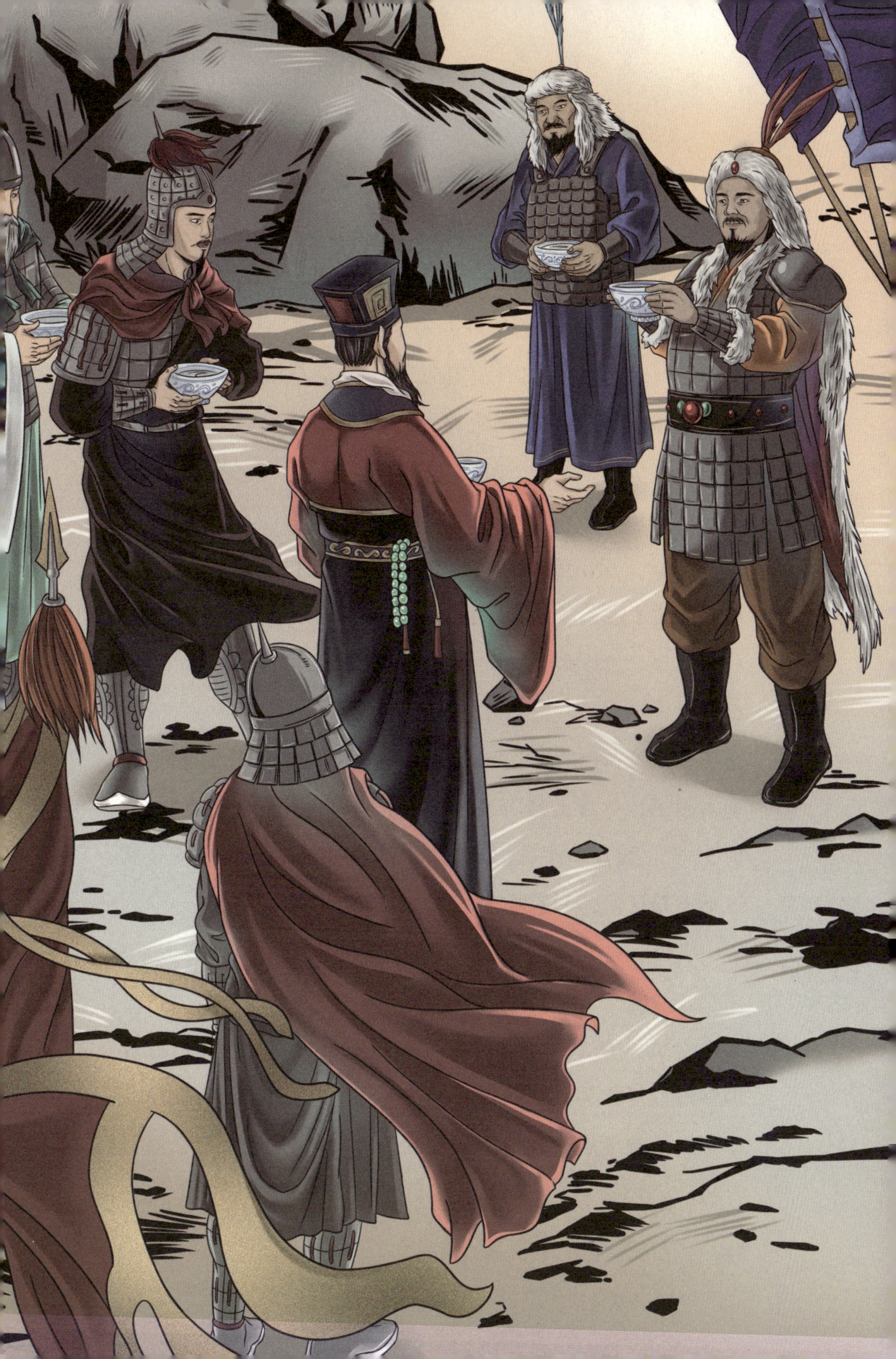

我的家人，也许我也能回去，但现在家人被杀了，我还顾念什么呢？算了吧，我已经变成匈奴人了，你我喝下这杯酒，这辈子就再也见不到了！"

小Q：唉，这李陵投降影响了多少人啊。

姜sir：小Q，你有没有发现，无论是汉武帝所做的一系列大事、张骞的丝绸之路，还是李陵的投降，都和什么有关？

小Q：匈奴，都是为了打败匈奴。

姜sir：公元前51年，匈奴首领主动投降称臣，汉朝和匈奴持续了这么多年的战争彻底结束了。

小Q：为什么会突然投降啊？汉武帝的时候也没发生这么好的事啊。

姜sir：首先是因为匈奴打不过汉朝了，好的土地都被汉朝占领了，然后又经历了大雪灾，同时也开始了内乱。公元前51年，匈奴单于称臣当天，汉朝举办了盛大的庆祝仪式，这标志着汉朝进入了顶峰时期。

小Q：我一直有一个疑问，现在没有匈奴这个少数民族了吧，他们去哪儿了啊？

姜sir：匈奴一般指秦汉时期住在北方草原的游牧民族，但匈奴最后作为独立的民族消失了，一般认为有一部分留在了草原，逐渐融入其他少数民族，有一部分去了欧洲，但有记录的一部分主要融入了汉族，其中就有一个美丽女子的故事。她是谁呢？我们下节见。

70 如何夸人漂亮？

各位同学，大家好，我就是那个人见人爱、花见花开、车见车爆胎的姜 sir。

大家好，我就是那个负责问问题的小 Q 同学。

姜 sir：你如果觉得一个女孩特别漂亮，会怎么夸她漂亮呢？

小 Q：我会夸她人见人爱，花见花开，车见车爆胎。

姜 sir：这话怎么这么熟悉呢。中国古代有很多漂亮的女子，如妲己、赵飞燕、褒姒，等等。民间广为流传的就是"四大美女"，她们每一个人都有着自己的故事。

小 Q：这和匈奴有什么关系？

姜 sir：那我们第一个就来认识一下远嫁匈奴的王昭君。上节我们说到，匈奴和汉朝已经和平共处了，于是匈奴首领

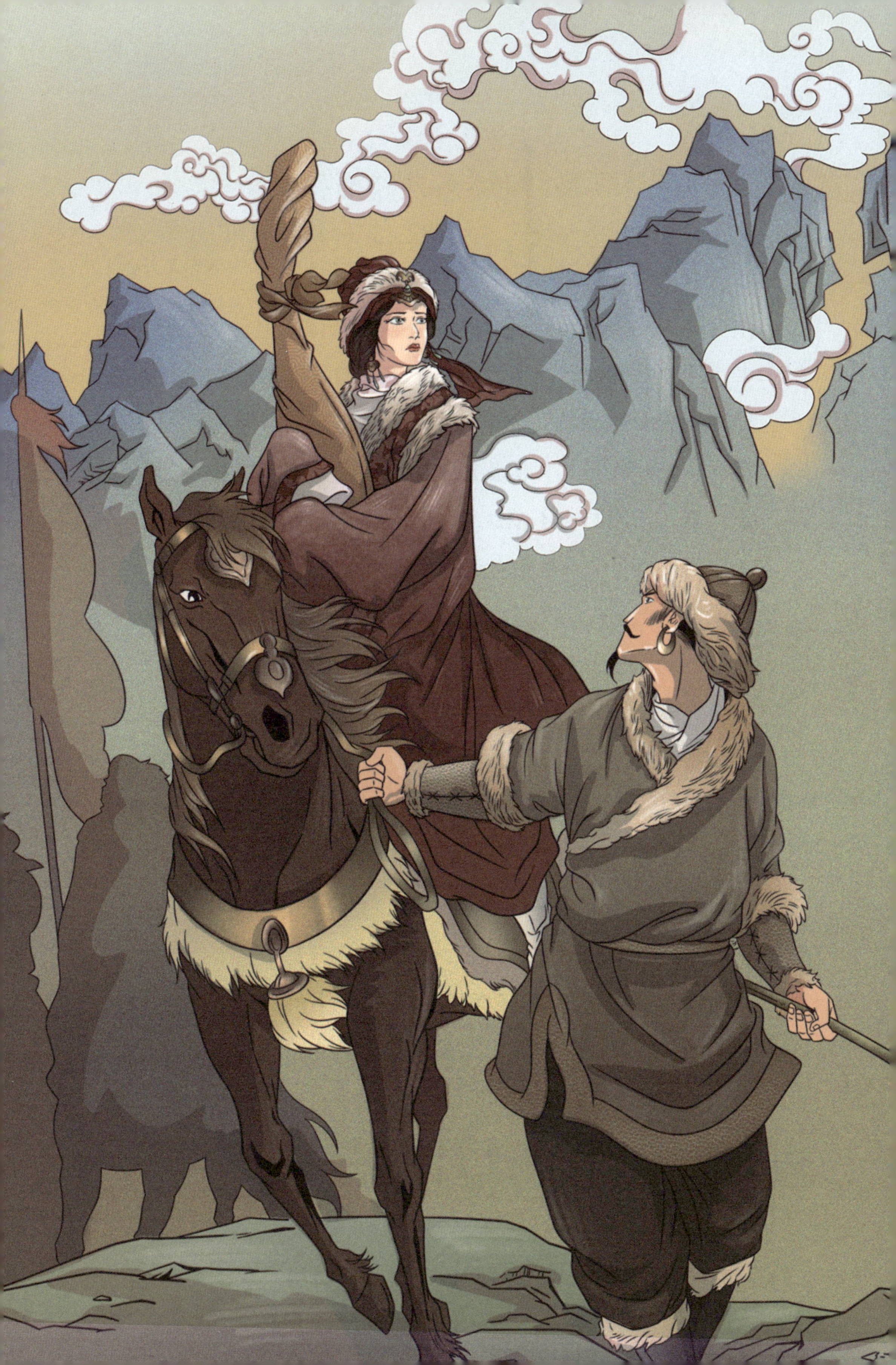

呼韩邪为了拉近和汉朝的关系，请求和汉朝和亲。

小Q：和亲我知道，王昭君一定是公主，所以嫁给了匈奴首领。

姜sir：根据东晋葛洪编的《西京杂记》记录，王昭君只是一个普通宫女，当时皇帝不知道王昭君有多漂亮，因为那个时候没有照相机，全靠画像。而皇宫里负责画画的人很不公平，谁给他送礼，他就把谁画得好看；谁不送礼，就画得丑一些，王昭君看不惯这种行为，就没送礼。所以皇帝以为王昭君很丑，但当皇帝看到王昭君真人时，才知道她有多美。于是王昭君就代表汉朝嫁给了匈奴，也就是著名的昭君出塞。

小Q：那王昭君到底有多漂亮？

姜sir：在王昭君出嫁的路上，因为要走很远，肯定会想家，于是她就弹琵琶。天上的大雁听到好听的乐声，又看到王昭君美丽的容貌，竟然忘记摆动翅膀，掉在了地上。从此，"落雁"就成了王昭君的代称。

小Q：这有点儿太假了，是不是后人编出来的？

姜sir：其实在最早的记录中，就只提到了皇帝把王昭君赐给了匈奴首领，剩下的都是后人传下来的，包括画师没好好画画，大雁掉下来等，甚至都传成了汉朝打不过匈奴，没办法才把王昭君嫁出去的版本。

小Q：也就是说王昭君是真人，但没有传说中的那些细节。

剩下的那三个美女呢？

姜 sir：一个叫西施，西施有多美呢？相传西施去河边洗衣服，水里的鱼儿看见她的倒影便忘记了游泳，渐渐地沉到了河底。所以西施的代称就是"沉鱼"。

小 Q：沉鱼落雁指的就是西施和王昭君吧，我怎么感觉她俩适合打猎呢，都不用射箭，只要一个抬头，一个低头，大雁和鱼全有了。

姜 sir：关于西施还有一个故事呢，叫东施效颦（pín）。

小 Q：咋一会儿东施，一会儿西施啊？

姜 sir：东施是西施的邻居，长得很丑，有一天，她看见皱着眉头走在村子中的西施，觉得西施皱眉头的样子好漂亮，回家后也捂着自己的胸口，皱着眉头在村子中走。可是别人看见她，都吓得躲起来了。"东施效颦"这个成语比喻盲目地模仿，效果适得其反。

小 Q：这哪能随意模仿呢，人家西施多好看啊，丢人了吧。

姜 sir：相传，当年西施被勾践送给了夫差，所以夫差才放过他。但其实《左传》和《国语》这种史书中没有找到有关西施的记载，《史记》里写的是勾践送出了8个美女给夫差的大臣。直到东汉，西施的名字才第一次出现。

小 Q：那剩下两个不会也是这种虚构的情节吧？

姜 sir：第三个就更夸张了，历史上并不存在这个人物，完全是小说里虚构出来的，就是貂蝉。

小Q：啊？我听过貂蝉啊，《三国演义》里使美人计让吕布和董卓打起来的那个大美女。

姜sir：《三国演义》是小说啊，真正的历史书上只是提到了一个女子，姓什么，叫什么根本没写，都是后人想象出来的，还给貂蝉加上了"闭月"的称号，说貂蝉美得月亮都比不过，要躲在云彩后面。

小Q：小说和历史真得好好区分。那第四个是真的吗？

姜sir：很明确地说，四大美女中唯一有详细记录的就是这位了，她就是杨玉环杨贵妃。大诗人白居易还为杨玉环和唐玄宗的爱情故事写了一首诗，叫《长恨歌》。

小Q：前面三个是沉鱼、落雁、闭月。那杨玉环是什么呢？

姜sir：杨玉环到花园赏花散心，她就摸了一下花，花瓣立即收缩，绿叶卷起。这时，一个宫女看见了，宫女就到处说，杨玉环和花比美，花都含羞低下了头。于是，杨玉环的代称就成了"羞花"。

小Q：沉鱼、落雁、闭月我做不到，羞花我也可以。不就是含羞草吗，谁碰都这样啊。

姜sir：沉鱼落雁、闭月羞花就成为后人对美女的称赞。

小Q：我有个疑问，那么多的美女为什么会选她们四个呢？

姜 sir：因为适合围绕她们编故事。第一，长得漂亮，符合女主人公的特点。第二，都可以写动人的爱情故事，这本身就是后人最爱看的故事类型。第三，这四位都涉及了国家命运的转折，西施帮助了勾践，王昭君帮助了汉朝，貂蝉结束了董卓统治，杨玉环引发了安史之乱，唐朝走向了衰败。这都是最受欢迎的素材啊，里面还涉及战争、死亡、离别，即使放到现在，也是受欢迎的电影主题之一。

小 Q：我明白了，这些最适合写小说。

姜 sir：所以她们的故事引起了后世无数作家的创作兴趣。而接下来汉朝会出现一次动荡，这次动荡里的很多事情也成为后续作家感兴趣的内容，是什么呢？我们下节见。

71 理想与现实的差距

姜 sir：各位同学，大家好，我就是那个人见人爱、花见花开、车见车爆胎的姜 sir。

小 Q：大家好，我就是那个负责问问题的小 Q 同学。

姜 sir：前面我们提到，汉朝在匈奴投降的时刻几乎达到了一个顶峰，但接下来的几个皇帝都没什么本事，国家大权都掌握在皇太后的手里，也就是王政君，她和当年的吕后一样，开始提拔王家的人，这个时候，整个天下基本都在王家的掌控下，她的侄子王莽握着很大的权力。

小 Q：感觉又是一场刘家与王家的斗争。

姜 sir：汉平帝去世后，王莽竟然找来了 1 岁的刘婴当皇太子。

小 Q：1 岁？话都不会说，怎么管理国家啊？

姜sir：王政君此时被尊为太皇太后，拥有至高无上的地位。王莽就劝她："姑姑啊，你年龄大了，国家的事我替你操心好了。"于是，王莽一步步把所有权力都掌握在自己手中。你说这时候，就差一件什么事了？

小Q：王莽可以称帝了。

姜sir：公元8年，王莽建立新朝，这就是历史上的王莽篡权。虽然新朝只存在了15年，但汉朝被分成了两段：前面的叫西汉，首都在现在的西安；后面的叫东汉，首都在现在的洛阳。

小Q：15年？看来王莽不是个好皇帝。

姜sir：我们先来看看王莽干了哪些事。耕地重新分配，对没有土地的夫妇，政府分发土地。一对夫妇以一百亩地为原则，不够一百亩的，国家补足。

小Q：这太好了，老百姓肯定支持，但有这么多土地吗？

姜sir：王莽宣布所有土地都归国家所有，任何人不得私自买卖土地。原来土地多的人家，不管是多大的官，要立刻无条件交出土地，然后由国家分给没有土地的百姓。

小Q：肯定有人反对，但支持的人应该很多。

姜sir：王莽特别痛恨不干活的懒人，于是规定对不劳动者进行罚款，如果没钱缴纳罚款，就强制其劳动。

小Q：大家又有土地，又都干活，国家不就马上变强大

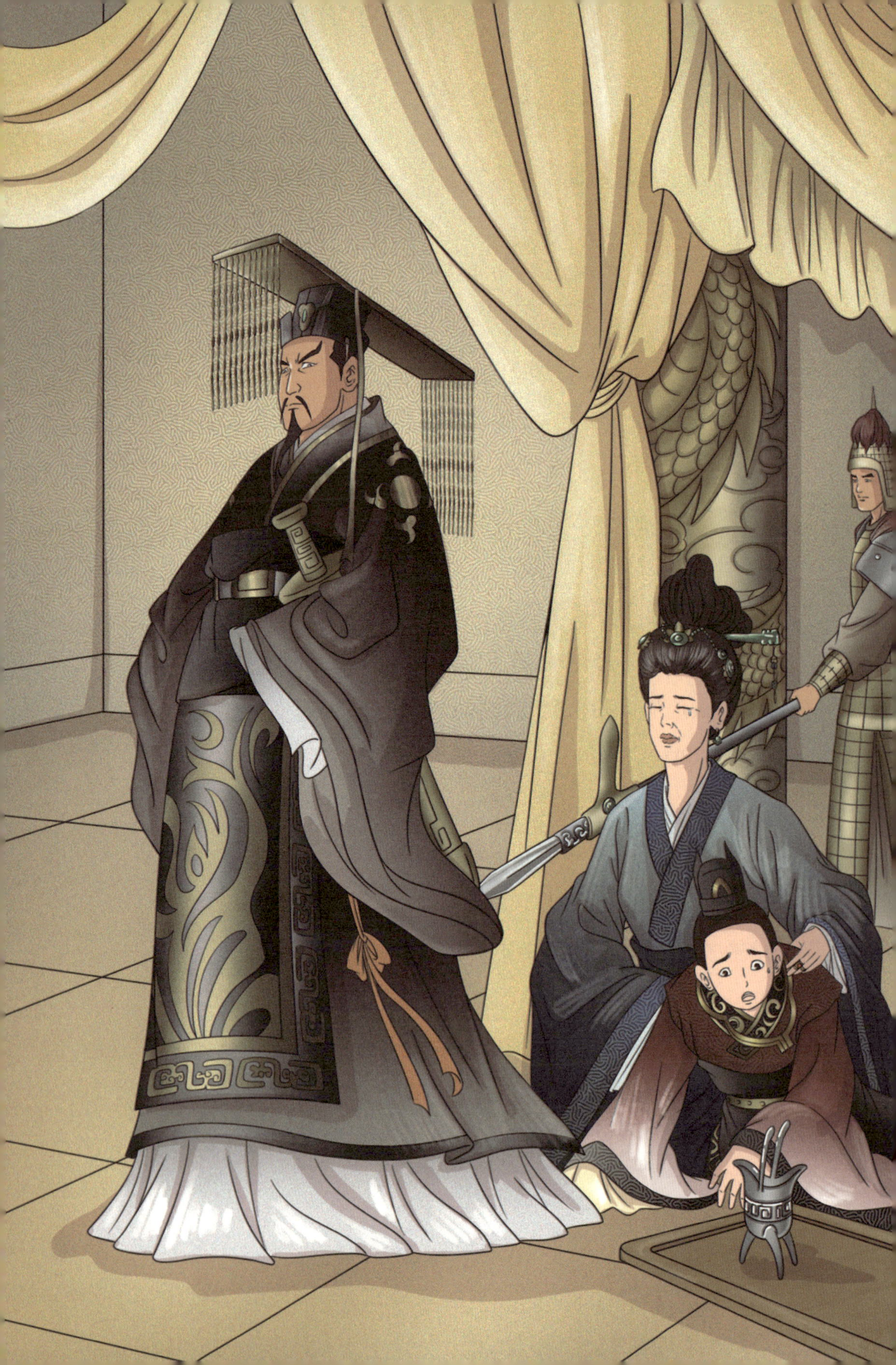

了吗?

姜sir：王莽最厉害的就是颁布了一条和我们现在银行借贷类似的贷款制度。你如果需要钱，国家可以借给你，国家少收一些利息。

小Q：什么是利息?

姜sir：就是国家借给你100块钱，你还的时候要还110块钱。

小Q：这个制度很好啊，我如果需要一些钱去做买卖，国家借给我100块，我赚了50块，还给国家110块，我还能剩40块呢。

姜sir：那个时候，如果家里有人去世了，需要借国家的钱去办丧事，这部分借款不收利息。同时官员的工资也与百姓关联，老百姓过得好，官员工资就高；百姓饿肚子，官员也要跟着饿肚子，没有工资。类似现在的绩效工资，工资和工作质量相关联。

小Q：我要是百姓，举双手双脚赞成。

姜sir：王莽还取消了奴隶制度，王莽认为人的生命是最宝贵的，不可以把人当商品一样买卖，对奴隶制严令禁止。

小Q：我现在特别好奇，这么好的政策，王莽怎么能被推翻呢？就算贵族反对，但老百姓肯定会支持他啊。

姜sir：王莽崇拜的是儒家思想，他的目标是把天下恢复到孔子心中最理想的天下，但仅凭王莽一个人的力量是不够的，下面的官员才是这些政策的执行者，当时就是上有政策，下有对策。

小Q：我觉得很多政策要规定得很具体，比如平均分土地这事，下面官员也得按照规定数量的土地去执行啊。

姜sir：当时规定，每家男丁不超过8人就可以占有900亩土地，超过900亩的就收回。但这存在文字漏洞，假如我们家有7个儿子，你以为我只会拥有900亩土地吗？不，我们分家，7个儿子可以分成7家，这样每家都符合不超过8个男丁的规定，我们家就可以拥有7乘以900等于6300亩土地。

小Q：啊？那这个政策根本不可能实行啊。

姜sir：这群贵族不交土地，国家就没有土地分给老百姓，这个政策最后就失败了。而且，王莽执政期间进行了四次货币改革，其中第三次改革更是一下造了28种货币，导致老百姓频繁更换货币，扰乱了市场交易，严重影响了社会经济发展。

小Q：明白了，贵族不支持他，现在老百姓也不支持他。

姜sir：他还对周边的少数民族不友好，汉朝好不容易和周围少数民族关系缓和了，到王莽这儿都给取消了，还打了几次仗。同时又赶上了天灾、瘟疫，还有旱灾导致粮食也没收上来多少。小Q，你猜一下结局吧！

小Q：肯定被推翻了。

姜 sir：公元 17 年以后，各地民众纷纷起义。其中著名的起义军之一就有绿林军。后世的一些英雄管自己叫绿林好汉就是从这儿起源的。西汉皇族刘秀也是从绿林军将领起步。最终刘秀于公元 25 年称帝，依然用"汉"的名字，后人也就称这段是东汉。

小 Q：我觉得王莽还是挺有想法的，但就是最终没实行成功。

姜 sir：对王莽的评价后世褒贬不一。有人不喜欢他，说他胡乱改革，不符合现实；有人认为王莽很好，只是想法太超前。

小 Q：我认为，不管什么政策，能让老百姓过上好日子的政策才是正确的。

姜 sir：公元 36 年，刘秀完成了中国统一，他是一个三年称帝、十五年扫平天下，让东汉国力强大的皇帝。可后人为什么对他不太熟悉呢？我们下节见。

72 "三最"皇帝

各位同学，大家好，我就是那个人见人爱、花见花开、车见车爆胎的姜 sir。

大家好，我就是那个负责问问题的小 Q 同学。

姜 sir：上节我们说到刘秀建立了东汉。东汉一共不到 200 年，经历了 14 位皇帝。

小 Q：姜 sir，我怎么感觉很少听说东汉的历史故事呢？

姜 sir：主要原因就是东汉的前后都太精彩了，东汉前面是西汉，刘邦、汉武帝、卫青、张骞等太有名了，东汉后面又是三国，一部《三国演义》吸引无数粉丝。但其实东汉的历史也挺精彩的。

小 Q：我明白了，旁边俩人太帅了，我就显得一般了。

姜 sir：东汉的建立者刘秀可不是普通人。其实当时可以

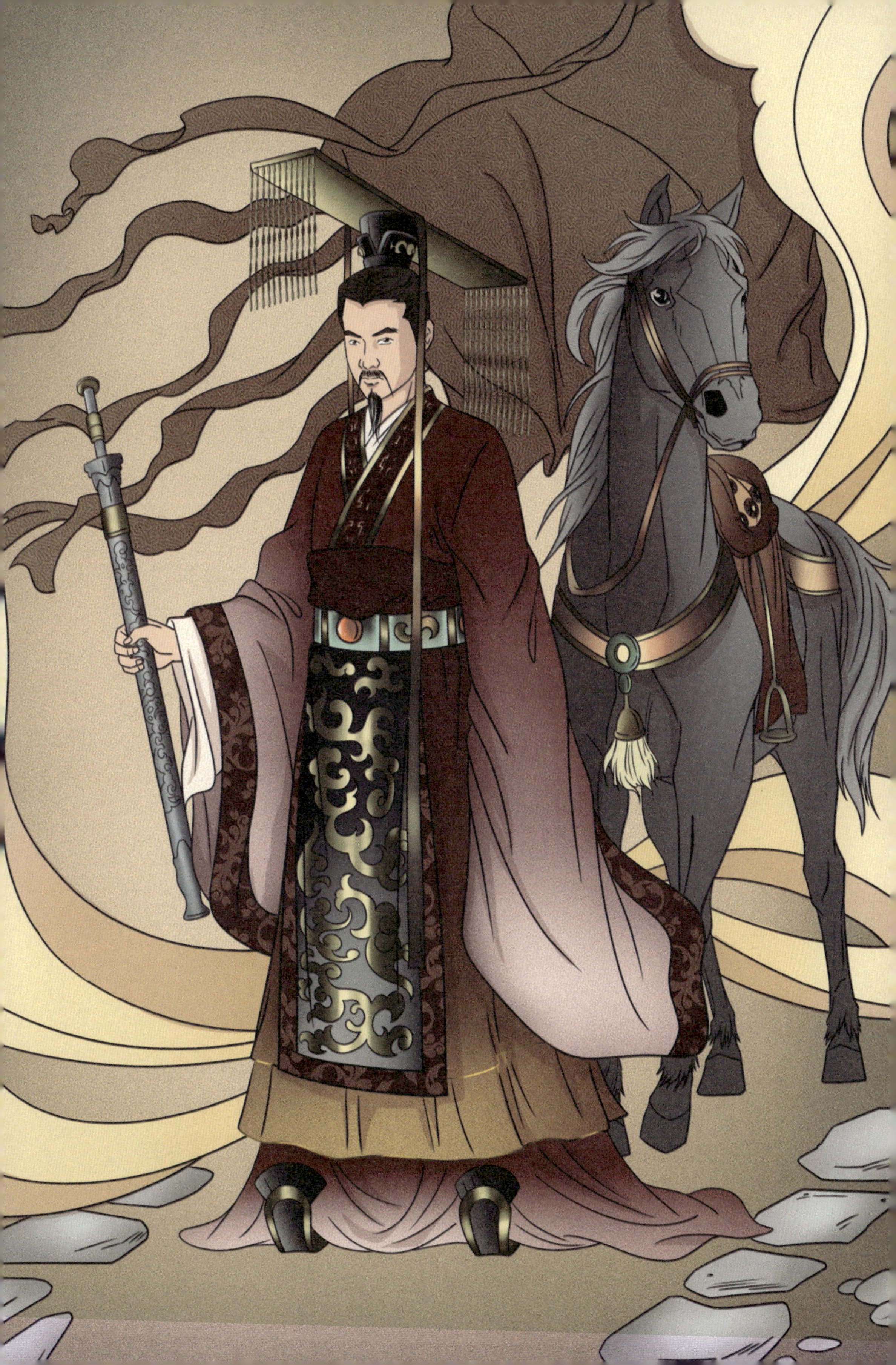

建立一个全新的王朝的，那样刘秀就算开国皇帝了。

小Q：是啊，如果他建立一个Q朝，当Q朝的第一个皇帝，那名气得多大啊！

姜sir：新朝灭亡后，天下混战，先后出了十位皇帝，其中有七位都说自己是刘邦的后人，要恢复汉朝，因为西汉虽然已经灭亡，但影响力还在，在许多人心中，就是应该恢复汉朝。

小Q：就和项羽他叔叔那时候扶持楚怀王一样吧，这样支持的人就会多。

姜sir：小Q的历史联系能力越来越强了。谁举着恢复汉朝的旗帜，谁的支持人数就多，所以在中国历史上以"汉"为国号的朝代或者国家是最多的。比如三国时期有蜀汉、十六国时期有前汉、五代十国时期有后汉，还有北汉、南汉、成汉，等等。

小Q：我要在古代就叫Q汉。让大家支持我。

姜sir：刘秀延续大汉国号是最好的选择，正大光明继承天下的统治权，可以获得天下的认可。

小Q：看来当时并不是只有他想当皇帝，为什么刘秀就当上了？

姜sir：因为刘秀太优秀了，和一般历史上的主人公不一样，刘秀几乎没遇到任何挫折，运气也特别好。在刘秀的成名之战昆阳大战中，他以7000兵力打42万兵力，竟然赢了。

小Q：什么？比项羽的破釜沉舟还厉害。

姜sir：当时城里就八九千人，对面那么多敌人，就在大家商量怎么跑的时候，刘秀站出来说："跑什么跑，必须打。"于是，刘秀带着13个人出去，带回了7000救兵。

小Q：加上城里的也不够啊。

姜sir：接下来让你感受一下什么叫运气好，连老天都帮忙："夜有流星坠营中。"天上的陨石砸中了敌人军营。"昼有云如坏山，当营而陨，不及地尺而散，吏士皆厌伏"。在白天有像崩塌的山一样的云，朝着营地落下，离地面不到一尺的地方却散了，官员和士兵都被吓得趴伏到了地上。

小Q：就像电影里面英雄要出场的前奏。

姜sir：于是，刘秀带着7000援兵杀回来了，他冲在最前面，连杀对方数十人。敌军都傻了，这是什么样的战斗力啊，也不知道对方来了多少人，完全被打蒙了。

小Q：但对方要是反应过来，刘秀不就输定了吗？

姜sir：有一句话叫作"一将无能，累死三军"。也就是说将军要是无能，战争打不赢。当时的敌军主将发现刘秀人少，便说："都别动，我亲自去灭了刘秀，一会儿不管打成什么样，你们所有士兵都只能看着。"就这样，敌方将军选了1万人，刘秀选了3000人。在众多士兵的观看下，两军开打。

小Q：这几乎是1个打3个，刘秀战斗力很强。

443

姜 sir：刘秀的士兵都杀疯了，眼睛都快冒绿光了，追着那1万人一顿胖揍。最有意思的就是，敌方数十万军队就这么看着自己的将军被揍，一个都不出来帮忙，没办法，你自己说的，打成什么样都不能帮忙。

小 Q：估计那将军都快气死了。

姜 sir：这时候，老天也帮刘秀，风云突变，狂风骤起，雷声阵阵，吓得对方士兵疯狂逃跑。刘秀一战成名，最后传成了刘秀7000人破敌军百万。你说刘秀出不出名，老百姓支持不支持他？

小 Q：像电影里男一号的感觉，天气简直就归他控制一样。

姜 sir：刘秀统一天下后，实行了各种温和的政策，国家经济恢复得特别快，社会也特别稳定。

小 Q：原来刘秀这么优秀啊，他应该叫刘优秀。

姜 sir：伟大领袖毛主席对刘秀的评价是："最有学问、最会打仗、最会用人的皇帝。"他统治期间，没有闹出什么大动静；和大臣和和气气，没什么矛盾；边关问题不大，没什么战争；老百姓生活比较安康，没什么人造反。这就是历史上的"三最"皇帝——刘秀。东汉接下来会怎么样呢？我们下节见。

73　几岁可以当皇帝？

各位同学，大家好，我就是那个人见人爱、花见花开、车见车爆胎的姜 sir。

大家好，我就是那个负责问问题的小 Q 同学。

姜 sir：小 Q，你觉得多少岁当皇帝适合？

小 Q：我觉得皇帝不好当，处理的事太多了，年龄得大一些吧。

姜 sir：提到东汉历史，就离不开皇帝的年龄了，我给你念一组数字，看你能找到什么规律。和帝 10 岁当皇帝，27 岁去世；殇帝 1 岁当皇帝，2 岁去世；安帝 13 岁当皇帝，32 岁去世；顺帝 11 岁当皇帝，30 岁去世；冲帝 2 岁当皇帝，3 岁去世；质帝 8 岁当皇帝，9 岁去世；桓帝 15 岁当皇帝，36 岁去世；灵帝 12 岁当皇帝，34 岁去世；献帝 9 岁当皇帝，54

岁去世。

小Q：什么？那么小就当皇帝，还有1岁、2岁的，话都不一定会说，怎么治理国家？而且他们死得好早，寿命好短。

姜sir：这就是一个循环的怪圈，皇帝去世得早，所以皇帝的孩子很小就要接替爸爸的工作，但年龄这么小，不可能有能力管理国家。小Q，你觉得谁能帮小皇帝管国家呢？

小Q：爸爸不在了，肯定是妈妈，我想到了当年的吕后，还有王莽的姑姑也是太后。

姜sir：小Q的历史没白学，都可以推断历史了。皇帝是古代国家的核心，可东汉的大部分皇帝年龄太小，基本都是妈妈管国家，但妈妈一个人毕竟能力有限，因此就要靠她的亲人。小Q，妈妈的亲戚和你是一个姓吗？

小Q：不是，我和我爸爸是一个姓。

姜sir：妈妈的哥哥、弟弟，也就是东汉小皇帝的舅舅们，和皇帝不是一个姓，这就叫外姓的亲戚，简称外戚。东汉的外戚权力特别大，比如窦宪，自己的妹妹是皇后，后来还当了皇太后。

小Q：皇后和太后有什么区别？

姜sir：你的爸爸当皇帝，你的妈妈就叫皇后，等你当上皇帝，你的妈妈就叫皇太后，你儿子当上皇帝，你的妈妈就叫太皇太后。

小 Q：所以窦宪就是皇帝的舅舅了。

姜 sir：这个窦宪曾经有过大功劳，当年窦宪追击北匈奴三千余里，这在很多人眼里和当年的霍去病是一个级别的。

小 Q：东汉怎么还有匈奴呢？不是都把王昭君嫁过去，和平共处了吗？

姜 sir：匈奴自公元 48 年已经逐渐开始内部分化成南北两部。南匈奴由于临近汉朝，夹在汉朝与北匈奴之间，一直采取与汉朝和亲的策略。北匈奴则不同，继续干自己的老本行——烧杀抢掠，百年以来从没消停，一直盘旋在汉朝和南匈奴附近，骚扰汉朝的边境，依然过着"敌进我退，敌来我走"的日子。这次打的就是北匈奴。

公元 89 年，窦宪率领总共不到 5 万人马北上攻击北匈奴。一路之上所向披靡，北匈奴的老窝位于稽落山一带，窦宪接到情报，立刻点集兵马迅速出击，将北匈奴的单于死死围住，北匈奴派人前来投降。窦宪便假装答应，约定时间举行受降仪式，暗地里令南匈奴继续北上扫荡北匈奴的残部。窦宪派出骑兵继续追杀匈奴单于，一举将北匈奴彻底击溃，北匈奴彻底灭亡后，窦宪选在燕然山举行庆功仪式，史称"燕然勒功"。

窦宪立了大功，回来后更厉害了，基本上整个国家都听他的，这时候皇帝也长大了。你觉得他想要回权力，窦宪会给吗？

小 Q：我觉得不会，而且大臣都听窦宪的，皇帝刚长大，谁能帮他呢？

姜 sir：宦官，就是皇帝身边的仆人。皇帝从小就和他们生活在一起，最信任的就是这群人。接下来的东汉就陷入了宦官和外戚的斗争。

小 Q：但这些宦官只是仆人，没有权力，怎么和外戚斗争？

姜 sir：汉顺帝当时给 19 个宦官直接封了大官，但无论是宦官还是外戚，争来争去，你说对国家好吗？

小 Q：不好，就忙着争来争去了，心思都没用在老百姓身上。

姜 sir：这就是个循环，皇帝年龄小，必然是妈妈管着国家，舅舅们帮忙。皇帝长大后，反过来要摆脱舅舅们的控制，于是求助于身边的宦官，通过宦官势力来消灭外戚的势力；可下一届小皇帝登基，外戚反过来又要消灭宦官势力。这样循环往复，把整个东汉王朝搅得天无宁日。

小 Q：这么循环下去，怎么打破啊？

姜 sir：把外戚和宦官同时消灭，就可以了。

小 Q：谁有这个能力能同时消灭俩？

姜 sir：东汉末年，汉少帝继位，又是舅舅管国家，也就是大将军何进。何进想直接把宦官们消灭掉，就听从了袁绍的建议，让董卓等人从外地带兵进京消灭宦官，可没想到何

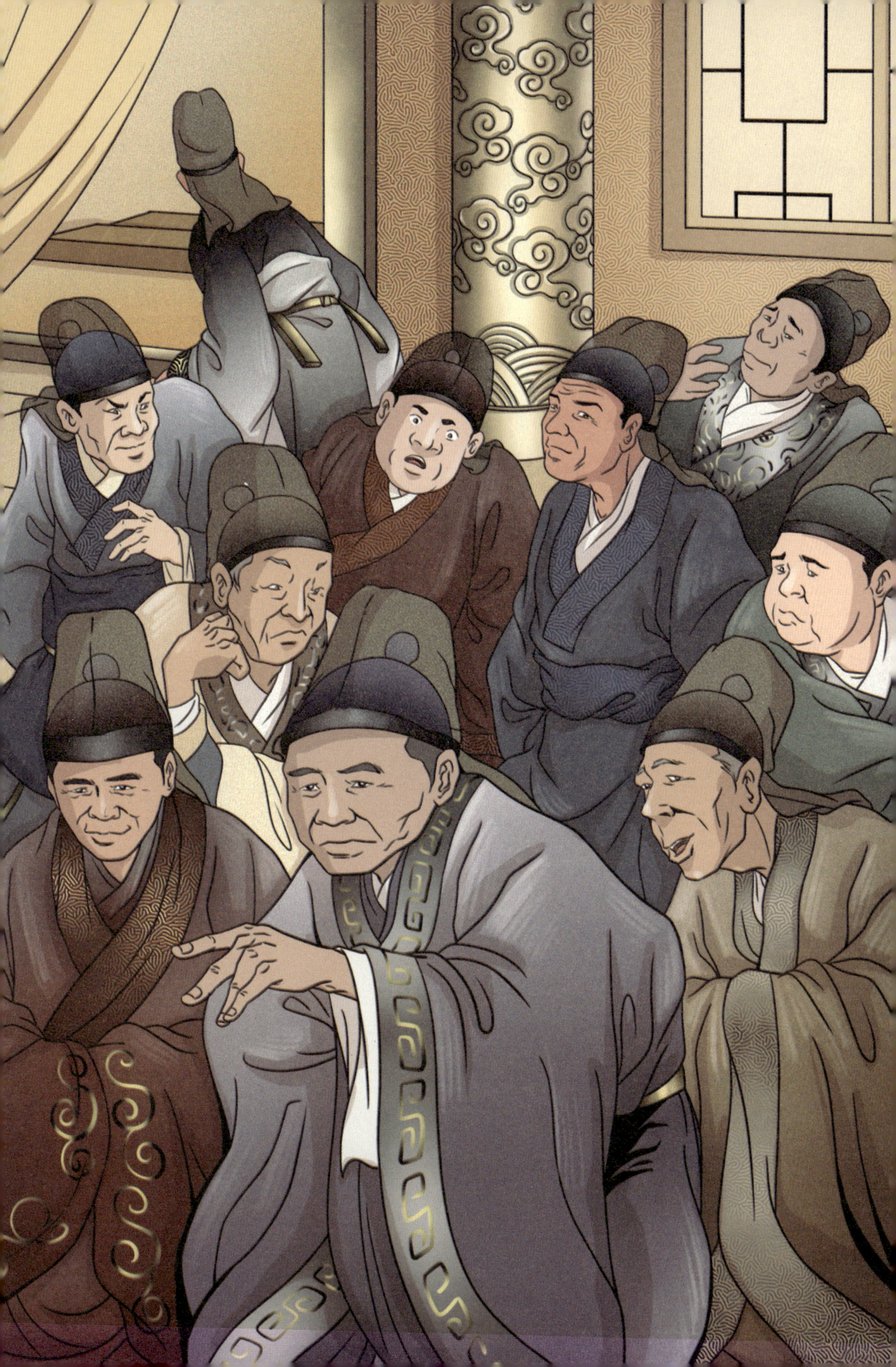

进犹豫了："这些宦官到底是全杀，还是只杀一部分？还是不杀了，赶走就得了？"正当他犹豫的时候，宦官把何进给杀了。这时候袁绍等人又带兵入宫，把宦官们消灭了。

小Q：那接下来是不是重新回到了正轨，东汉继续稳步向前了？

姜sir：这时候董卓已经出现在了洛阳城外，而洛阳城内还有一个历史上的著名人物——曹操。

小Q：那我知道了，接下来就是三国了吧，看来东汉就这样快结束了。

姜sir：虽然东汉快结束了，但东汉留给后人的绝不仅仅是外戚和宦官的斗争，还有一项重大的发明，是什么呢？我们下节见。

74　文字写在哪儿？

各位同学，大家好，我就是那个人见人爱、花见花开、车见车爆胎的姜 sir。

大家好，我就是那个负责问问题的小 Q 同学。

姜 sir：上节我们提到东汉有个重大的发明，小 Q，我要考考你，你还记得最早的文字是写在哪儿的吗？

小 Q：甲骨文，在一些大的骨头上。

姜 sir：那你现在还用这些大骨头去写字吗？

小 Q：对于我，骨头是用来啃的，写字当然是写在纸上了。

姜 sir：那纸是怎么来的？什么时候来的？谁发明的纸呢？

小 Q：这个……

姜 sir：最初的时候，我们是没有"纸"这个概念的，人们将文字刻在了乌龟壳和大的动物骨头上，也就是甲骨文，但很明显这样的材料很少，比如司马迁写的《史记》有 52 万多字，如果用动物的骨头，得多少才够啊。

小 Q：纸发明之前，除了动物的骨头，就没有别的东西能写字了吗？

姜 sir：有，比如在博物馆里能看到的青铜器，早在商代就已经把文字刻在青铜器上了，因为多数刻在钟和鼎上，所以这种文字也叫钟鼎文。但无论是骨头还是青铜器，你觉得方便吗？

小 Q：当然不方便了，太重了。

姜 sir：那你觉得有没有什么东西，又轻，又方便储存，还产量大，能有很多？

小 Q：我觉得木头就不错，可以切得薄一点。

姜 sir：你说的这个就叫简牍，长方形竹片叫"简"，木片叫"牍"，然后用绳子一穿，就叫册。所以你看，汉字的"册"字，像不像用绳子连起两片木头。成语"韦编三绝"就和这个有关，当时孔子读书，特别刻苦，翻来覆去地看，致使编连竹简的皮绳多次脱断，这个成语后来也被用来比喻读书勤奋，刻苦治学。

小 Q：我想到了一个更方便的、更轻的，就是布。

姜 sir：你说的这个还真有，战国时期就用上了，但为什么竹简在很长的时间内还是主要的材料呢，原因就是当时的布可不便宜。所以到了汉朝，随着大量的长篇著作出现，人们急需一样又便宜又轻的东西来写字，于是就发明了纸。

小Q：是谁这么聪明？

姜sir：一直以来，人们都说是汉朝的蔡伦发明了造纸术，因为《后汉书·蔡伦传》中记载，纸的发明人是蔡伦，后人对造纸术起源的知识也来自这里，所以蔡伦作为造纸术的发明人也被后人记住了。但随着考古的新发现，我们找到了比蔡伦早很多年的纸，于是就有了新的说法，不是蔡伦发明了造纸术，而是蔡伦在原有造纸技术上进行了改进。

小Q：那蔡伦也很厉害了。但纸是怎么被人们一点点造出来的呢？

姜sir：目前，纸发明的时间已经往前推了，但具体是怎么发明出来的，还没有准确的说法，有一种说法推断很有可能和南方的树皮布有关。

小Q：什么？树皮还能做成布？

姜sir：把树皮放在水中浸泡很长时间，然后进行敲打，打成糨糊，黏黏的、碎碎的感觉，接着晒干，就可以用于制作衣服了。而蔡伦造纸的方法就和这种树皮布非常相似。

小Q：那这种树皮布算是纸吗？

姜sir：大家讨论的点就在于，蔡伦之前的这些算不算真

① 切麻
② 蒸煮
③ 舂捣
④ 打浆
⑤ 晒纸

正的纸，有人认为不算，认为从蔡伦开始才算纸。有人认为算纸，蔡伦贡献很大，但不能算纸的发明者。但不管怎么说，我们有了纸，这可是推进了整个世界的进步的技术，所以造纸术也被列为四大发明之一。

小Q：姜sir，我其实一直都有一个疑问，不太好意思问，就是到汉朝才有了纸，那之前的人们用什么上厕所呢？

姜sir：你以为有了纸，人们就用得起吗？很多人买都买不起，更别说用来上厕所了。直到元朝，才有关于使用手纸上厕所的记录。

小Q：那我能猜到贵族可以用得起布或丝绸。老百姓呢？这可是人必须去做的事啊。

姜sir：一些大户人家会买厕筹，就是用竹子削成的竹片。

小Q：是一次性的吗？用完就扔了吗？

姜sir：反复清洗，多次使用。有的地方竹片都用不起，只能用树叶、树皮、光滑的石头这些。

小Q：天啊，感谢蔡伦，让我们现在用上了纸。

姜sir：其实纸发明后并没有马上取代竹简，毕竟很多人用习惯了，并且一些贵族觉得纸不符合他们的身份，用布或丝绸这一类东西更能体现身份。比如三国时期的曹丕，同样的一首诗歌，写给孙权和大臣用的材料就不一样。

小Q：大臣肯定是用纸了。

姜 sir：对，所以从整体上来说，中国的纸出现在西汉。东汉三国时期是竹简和纸并用的时代，而到了西晋时期中国就已经进入纸的时代了。

东汉马上就要退出历史舞台了，汉朝合起来达到了407年，这么伟大的朝代，下一节就让我们为汉朝开一个总结表彰大会吧。我们下节见。

75 汉朝总结表彰大会

各位同学，大家好，我就是那个人见人爱、花见花开、车见车爆胎的姜 sir。

大家好，我就是那个负责问问题的小 Q 同学。

姜 sir：亲爱的小朋友们，大家好。

新的历史时期即将到来，在这辞旧迎新、告别汉朝之际，今天我们欢聚一堂，隆重召开汉朝总结表彰大会。会议的主要目的是对汉朝的 400 多年贡献进行总结。对此我代表汉朝的开国皇帝刘邦对大家的到来表示热烈的欢迎和衷心的感谢！

小 Q：今天是不是要发奖状啊，这我擅长。

姜 sir：小 Q，你奖状上写的字叫什么字？

小 Q：汉字啊。

姜 sir：你表扬别人说的话叫什么语？

小Q：汉语啊。

姜sir：56个民族里，哪个民族人数最多？

小Q：汉族啊。

姜sir："汉"这个字，汉朝建立之前就有了，但汉朝建立之后，由于强大的影响力，很多少数民族把汉朝的人称为"汉人"，把汉朝人说的话称为"汉语"。慢慢地，到了东晋末期，我们的很多书籍里开始大量出现"汉语""汉字"这样的词语。

小Q：看来今天的颁奖典礼会很精彩呀。

姜sir：第一个昂头向我们走来的是汉朝皇帝代表队，他们共有29人。咦？怎么30人了？王莽你怎么也在里面了？今天的表彰大会没有你。

小Q：姜sir，这一下子这么多，有好的，有坏的，还夹着王莽，我这怎么发奖状啊？

姜sir：其实汉朝的皇帝都已经被评价过了，汉朝有自己的帝王点评制度。

小Q：还有这个制度？

姜sir：这就要提到庙号和谥号，这两个都是皇帝去世后后人给他的评价，就类似于现在的打分、几星好评一样。你做得好，后人就给你个好评。比如汉光武帝刘秀，庙号世祖，这个庙号也是极为尊贵的。还有刘邦的庙号太祖，谥号高皇帝，所以大家也叫他汉高祖或者汉太祖。

小Q： 那这俩有啥区别呢？

姜sir： 基本每个皇帝都有谥号，汉武帝谥号是孝武皇帝，所以大家习惯叫他汉武帝。汉灵帝的"灵"就是国家乱的意思，很明显是个昏君，所以他的谥号是孝灵皇帝。庙号在汉朝不是谁都能有的，那是去世后写在牌子上让后人来拜的。

小Q： 那皇帝有自己的点评系统，就不用我发奖状了。

姜sir： 第二个骑着马向我们走来的是汉朝将军代表队，这里面有韩信、彭越、英布、周亚夫、卫青、霍去病、李广、冯异……太多了，实在数不过来了。将军们选出了最能代表他们的两句口号，第一句就是："凡日月所照，江河所至，皆为汉土。"

小Q： 这句听着好霸气啊，只要日月能够普照的地方，长江、黄河流过的地方都是我大汉朝的领土。

姜sir： 第二句口号即使到现在都让很多中国人为之热血沸腾："明犯强汉者，虽远必诛。"谁敢侵犯我强大的祖国，不管多远，我都会消灭你。这是陈汤率领的军队追击匈奴到中亚的帕米尔高原，并砍下首领的头，回来后说的这句话。

小Q： 太激动了，我都想举着五星红旗喊这句话，我要给汉朝的将军颁"最霸气奖"。

姜sir： 第三个向我们走来的是外交官代表队，就是他们搭起了汉朝和西域的友谊桥梁，就是他们弘扬了汉朝的强大。

459

非刘氏而王者，天下共击之。

汉兵方至，毋敢动。动，灭国矣！

凡日月所照，江河所至，皆为汉土。

亦欲以究天人之际，通古今之变，成一家之言。

外交官今天派出了三个代表，分别是张骞、苏武和傅介子。

小Q：张骞、苏武我认识，傅介子是谁？也被匈奴扣了？待了多少年啊？

姜sir：他可没被扣，傅介子第一次出使西域，就带着12个人，没想到遇见匈奴使团了，人家32人。傅介子一想：不能让你们和西域各国建立联系啊。于是他直接把这32个人消灭了。

小Q：太厉害了吧，汉朝外交官都有将军的风采。

姜sir：傅介子第二次去西域到了楼兰国，是带着刺杀任务去的，趁着楼兰国王喝醉了，砍下了楼兰国王的头。

小Q：这和荆轲很像啊，人家的士兵能放过他吗？

姜sir：傅介子喊出了超级霸气的一句话，对方一个人都没敢动，就是："汉兵方至，毋敢动。动，灭国矣！"我们军队马上就来了，别动，动一下，灭了你们国家。

小Q：汉朝的外交官也太厉害了，我要发给他们"最佳勇气奖"。

姜sir：第四个方队领头的就是司马迁和司马相如，后人有"文章西汉两司马"之说；后面还有写《汉书》的班固；"西蜀子云亭"的扬雄；写《过秦论》的贾谊。还有这么多的文人，怎么后面的那些文人都戴着面具？

小Q：难道没脸见人？

姜 sir：因为汉朝有很多的作品不知道具体作者的名字，比如著名的《古诗十九首》。

小 Q：明白了，真希望有一天更多的文物出土，能让我们知道他们真实的名字。给这些人就发"伟大文人奖"。

姜 sir：400多年要表彰的太多了，剩下的我们就统一发"最佳贡献奖"吧。最后一个代表队可是小 Q 的最爱，就是厨师代表队。他们手里都拿着哪些美食呢？我们下节见。

76 烧烤火锅吃起来

姜 sir：各位同学，大家好，我就是那个人见人爱、花见花开、车见车爆胎的姜 sir。

小 Q：大家好，我就是那个负责问问题的小 Q 同学。

姜 sir：上节我们对汉朝的重要人物都做出了相应的表彰，那么最后一个方队，就是我们的厨师方队，小 Q 同学已经流着口水在迎接了。

小 Q：我主要盯着他们手里的每一道菜。

姜 sir：第一个走上前的手里拿着的并不是美食，而是一个模型，是一个厨房的模型。

小 Q：谁家没厨房啊？

姜 sir：汉朝之前还没有厨房的概念，汉朝的厨房就是如今厨房的最早雏形。从出土的多个汉代房屋文物来看，汉朝不仅有专门的厨房，厨房面积还很大，贵族的独立厨房相当于现在半个足球场那么大。

小Q：那么大，用得了吗？

姜sir：根据研究，汉朝的厨房同时起到了储藏室的作用。

小Q：有了专门的厨房，汉朝一定有很多好吃的吧。

姜sir：第二个向我们走来的厨师手里拿的是酱。

小Q：我记得周天子就爱吃酱。

姜sir：汉朝也有很多酱，鱼酱、螃蟹酱和鱼子酱三种比较受欢迎，还有榆荚。榆树未长出叶子的时候，会先在枝间生荚，榆荚也被称为榆钱儿，也可以做酱。食用量最大的是豆子做的酱，并且当时已经有了豆豉。

小Q：这酱还不能让我流口水。还有没有其他的美食？

姜sir：第三个向我们走来的厨师手中拿着中国人过年必须吃的美食——饺子，但当时不叫饺子，叫娇耳，三国时又被称为月牙馄饨，直到清朝才叫饺子。

小Q：这个才是我的最爱。

姜sir：汉朝不仅有饺子，还有很多面食，用水煮的称为汤饼，用笼蒸的称为蒸饼，用火烤的称为炉饼。还有豌豆、扁豆、黑豆、绿豆，这些都能吃到。

小Q：还有别的吗？

姜sir：牛、羊、猪 鸡、狗、龟、鱼、鸟、兔这些汉朝都能吃到，汉朝人还吃生鱼片呢！蔬菜有笋、藕、葵、韭菜、荠菜、芋头、葫芦等。水果有桃、梨、枣、杏、李、柿、梅、荔枝、桑葚，等等。

小 Q：好丰盛，我都要流口水了。

姜 sir：在介绍第四个向我们走来的厨师前，需要你先猜个谜语："白又方，嫩又香，能做菜，能煮汤，豆子是它爹和妈，它和爹妈不一样。"

小 Q：豆腐。汉朝就能吃到豆腐了？

姜 sir：也有人认为当时的豆腐并不是我们现在的味道，总之，豆腐成为人人都爱吃的大众食品也要到宋朝了。

关于豆腐，还流传着一个故事。淮南王刘安的母亲爱吃黄豆，有一次她生病不能吃整粒的黄豆，刘安就叫人把黄豆磨成粉，又怕粉太干，便冲入些水熬成豆乳，又怕味淡，再放些盐，结果凝成了块状的东西。母亲吃了很高兴，病好了。刘安就开始琢磨怎么再次制作出来，于是豆腐就出现了。

小 Q：感觉豆腐挺容易做的。

姜 sir：民间有一句话叫"世上活路三行苦，撑船打铁磨豆腐"，那时候做豆腐，人推磨，手工过滤，搬石头压豆腐，很累的。

现在，让我们赶紧迎来第五位厨师，他的手中拿着的竟然是烤串。

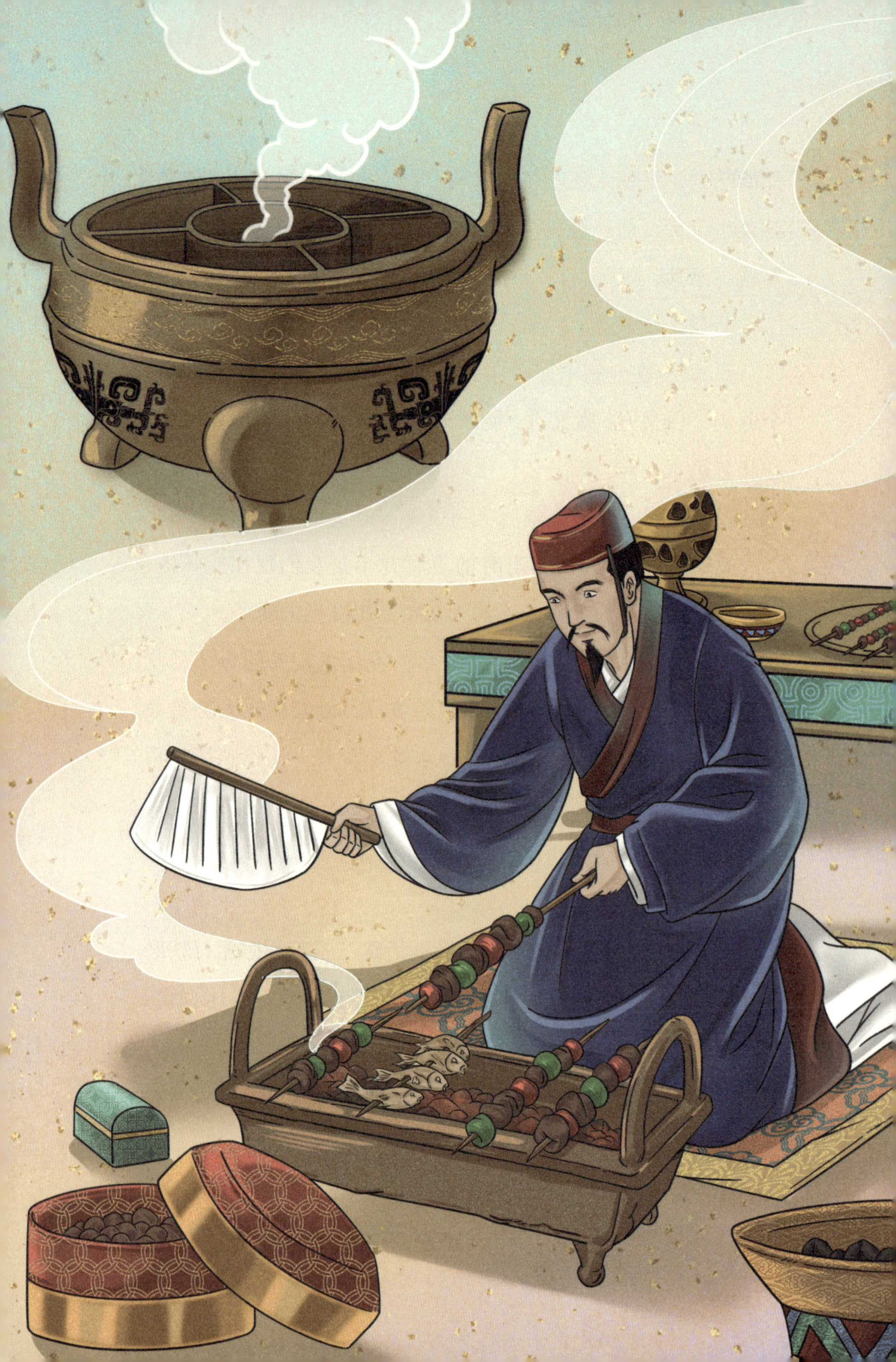

小Q：我想起来了，我们在推断鸿门宴吃什么的时候说汉朝人爱吃烤串。

姜sir：汉朝最流行的方式叫燔（fán）炙满案，就是将小块肉穿起来，放到火上烤。还有炉盘，类似现在的烤肉。还有烤全羊，整头猪也烤着吃。

小Q：差个火锅，汉朝把我们现在社会流行的就聚齐了。

姜sir：有火锅，从汉朝开始有关于火锅的明确文字记录，不过那时候火锅被称作锥斗。当然，这些也是推断，因为还不能证明吃法是否和现在一样。

小Q：那时候吃火锅会有鸳鸯锅吗？

姜sir：大云山西汉墓出土了一件分格鼎，这个鼎打开盖子之后，鼎内分布着5个小格子，中间圆格外面再分出4格。

小Q：这不就是现在的九宫格火锅吗？

姜sir：是的，非常像。从调料、食材到餐具，汉朝都应有尽有，你说汉朝的美食能差吗？

小Q：我口水都要流下来了，烧烤、火锅，完美的汉朝。

姜sir：让我们迎接最后一位厨师，他手里的几道菜在汉朝可是有钱人家才吃得起的。小Q，准备流口水吧：焖炖甲鱼、烩鲤鱼片、红烧小鹿肉、煎鱼子酱、炸烹鹌鹑拌橙丝、肉酱、酸醋拌河豚。

小Q：我太想去汉朝了。

姜 sir：汉朝在这一系列美食中就要结束了，但还没结束，因为接下来的历史，很多人都会认为属于三国，但其实还属于汉朝，就是因为一本书，让接下来的历史变得出名了。是什么书呢？我们下节见。